D1413386

PAPA, MAMAN, DIS-MOI...

Denise Lamarche

PAPA, MAMAN, DIS-MOI...

Éveil religieux des tout-petits

Deuxième édition revue et corrigée

Illustrations d'Anne-Marie Boucher

FIDES

Chère Denise,

J'ai lu avec intérêt le texte «Papa, maman, dis-moi...» [...] Les faits rapportés, les conversations présentées permettront à beaucoup de parents, j'espère, de retrouver les questions de leurs jeunes enfants et de se faire suffisamment confiance pour suivre les pistes suggérées.

Avec fierté et joie, je donne l'*Imprimatur*. Je souhaite que cette deuxième édition connaisse un large succès. La qualité de l'œuvre devrait assurer celui-ci.

† Bernard Hubert
Évêque de Saint-Jean-Longueuil

Données de catalogage avant publication (Canada)

Lamarche, Denise
Papa, maman, dis-moi...
2e éd. revue et augmentée
ISBN: 2-7621-1729-1

1. Catéchèse des enfants d'âge préscolaire.
I. Titre.
BV1475.2.L358 1994   248.8'45   C94-940643-0

Dépôt légal: 3e trimestre 1994.
Bibliothèque nationale du Québec.
© Éditions Fides, 1994.

À tous mes neveux et nièces,
enfants d'hier ou d'aujourd'hui,
parents d'aujourd'hui ou de demain...

À tous ceux et celles qui se soucient
de l'éveil religieux des petits...

Introduction

Quand les parents demandent le baptême pour leur nou-
veau-né, ils reconnaissent, ou on les amène à reconnaître,
qu'ils sont les premiers responsables de l'éveil religieux et de
la croissance de la foi de leur enfant.

Plusieurs parmi ces parents souhaitent s'acquitter de
cette responsabilité tout autant et tout aussi bien qu'ils ac-
complissent les multiples autres tâches qui leur incombent.
C'est l'ensemble de la vie de leur petit qui les préoccupe.
Mais alors que ces parents peuvent puiser à de multiples
sources pour apprendre progressivement comment ils pour-
raient agir pour favoriser et accompagner la croissance phy-
sique, affective, sociale de leur enfant pendant les sept premières années de sa vie, peu de documents leur sont
accessibles qui leur serviraient de guides pour aider l'enfant
à faire ses *premiers pas devant Dieu**.

Ce livre en est à sa deuxième édition revue, corrigée et
complétée pour tenir compte de l'évolution de la famille. Il

---

* On reconnaîtra là le titre d'un document de Y. Brillon paru aux
Éditions du Richelieu, à Saint-Jean, en 1972.

est écrit sans prétention pour aider les parents à *accueillir les multiples questions* de leurs tout-petits, à *dialoguer* avec eux, *à parler de Jésus* pour apprendre à agir comme lui, puis à *prier Jésus* devant et avec leurs enfants. Ce sont là quatre temps d'une méthode souventes fois expérimentée pour initier l'enfant à entrer en relation avec Dieu dans sa vie de tous les jours et à faire le premier apprentissage d'une vie authentiquement chrétienne: vie de foi où l'enfant reconnaîtra la présence constante du Seigneur à ses joies, à ses peines, à ses interrogations; vie d'espérance où, dans la prière, il célébrera sa foi naissante; vie de charité où il expérimentera l'art d'aimer les autres dans un esprit de foi agissante.

Certes, les quatre temps de cette méthode peuvent ne pas s'inscrire dans la succession immédiate des moments. Il faut éviter de fatiguer l'enfant et de hâter à tout prix son évolution religieuse. L'enfant marche quand il est prêt; il parle quand il est prêt; il prie quand il est prêt. Respecter le rythme de l'enfant pour favoriser sa croissance, c'est à la fois ne rien lui imposer qu'il n'est pas encore apte à accomplir — on ne fait pas fleurir une rose en tirant sur le rosier — et lui proposer les défis qu'il pourra progressivement relever. Ainsi, il est possible que l'on s'arrête après le premier ou le deuxième temps de la méthode, réservant le troisième et le quatrième pour plus tard, quand l'enfant sera disposé à plus d'intériorisation. Quels parents ne savent d'ailleurs pas que les enfants posent mille et une fois les mêmes questions et que, chaque fois, ils peuvent répondre un peu mieux, de façon plus précise? Quels parents n'ont pas constaté que l'enfant est lui-même une question perpétuelle qui leur est posée?

Que les questions viennent spontanément de l'enfant ou qu'elles soient suscitées par les parents, elles jaillissent toujours de l'expérience vitale et quotidienne. *Le rythme des saisons, les joies, les peines* de chaque jour sont l'occasion d'apprendre comment vivent ceux et celles qui s'engagent à suivre Jésus. Outre ces trois lieux d'apprentissage, un quatrième, celui du *questionnement particulier du mystère chrétien*, s'impose.

Puissent ces trente-cinq pourquoi de la petite enfance et les réponses que nous avons tenté de leur donner aider les parents à accueillir d'autres questions auxquelles ils réserveront d'autres réponses. Si cela était, nous serions largement payée du centuple promis en ce monde à ceux qui suivent le Christ et agissent en son nom.

L'auteure

NOS ENFANTS
ET LES QUESTIONS
DES SAISONS

Pourquoi on prend du sirop dans ces arbres-là? Est-ce qu'ils vont mourir, les arbres?

C'est la question de l'enfant qui veut tout
expliquer, tout comprendre.
Pourquoi ne pas profiter de l'occasion pour apprendre
à l'enfant que Dieu veut la vie de toute personne?

Accueillir la question de l'enfant

Papa avait promis à Joël: «Au printemps prochain, je t'amènerai à la cabane à sucre!»

C'est le genre de promesse que Joël n'oublie jamais. Et voilà qu'arrive le printemps! Un printemps excellent pour faire le bon sirop d'érable!... Papa tient parole et toute la famille se rend à l'érablière en chantant:

En caravane, allons à la cabane
Ho, hé, ho!...

«Papa, papa, s'exclame Joël, regarde les arbres, ils coulent...

— C'est merveilleux! disent à tour de rôle maman, Élisabeth et Marie-Noëlle. Le bon sirop que nous allons avoir!

— Papa, maman, dis-moi pourquoi on prend du sirop dans ces arbres-là? Est-ce qu'ils vont mourir les arbres?

— Mais non, répondent Élisabeth et Marie-Noëlle, tous les ans on entaille les érables comme ça et toujours, ils continuent de vivre...»

Dialoguer avec l'enfant
lors d'un moment privilégié

Aidées de papa et de maman, les deux grandes sœurs racontent à leur petit frère la belle histoire du sirop d'érable: «Pendant l'hiver, cet arbre-là se repose...

— Oui, puis au printemps, il se réveille: le sirop monte dans son tronc...

— Pas le sirop, Élisabeth, reprend papa, la sève...»

Et Joël, pour la première fois, goutte la sève. «Hum, c'est bon!... mais ce n'est pas du sirop!...

— Non, c'est la sève. On la recueille dans des chaudières puis, dans la cabane, là-bas, on la fait bouillir longtemps, longtemps, et ça devient du sirop. Le bon sirop qu'on mange avec nos céréales, avec des crêpes, avec des œufs et du jambon, à Pâques... Hum!...

— Papa, tu es gourmand», dit Joël en taquinant...

Puis il écoute comment on fabrique aussi le sucre et la tire d'érable.

Parler de Jésus avec l'enfant

Ce soir-là, Joël n'a pas très faim. Il a mangé tant de bonnes choses à la cabane. Il est bien content de sa journée. Dans sa chambre, il cause un peu avec maman avant de s'endormir: «Tu en a appris des choses, aujourd'hui, n'est-ce pas, Joël?

— Moi, maman, ce que je trouve le plus beau, c'est que tout ce bon sirop vienne des arbres... et sans faire mal aux arbres!...

— Tu as bien raison! C'est beau un arbre qui se réveille au printemps et qui est plein de vie. Quand je regarde les arbres pleins de vie, quand je vois que les arbres sont là pour nous, pour que nous puissions les regarder et manger ce qu'ils nous offrent, je pense à la vie que Dieu notre Père nous donne.

— Les pommiers, eux, maman, ils ont de la vie aussi. J'ai hâte qu'ils soient tout pleins de fleurs... et de pommes!...

— Oui, tu vois, la nature est pleine de vie... Puis il y a des gens qui travaillent pour que la nature nous rende heureux...

— Oui, ceux qui ramassent la sève et font le sirop... ceux qui cueillent les pommes...

— Oui. Tu vois, Joël, Dieu notre Père nous dit dans notre cœur: *Ce qu'il y a sur la terre, c'est pour vous; prenez soin de tout cela et servez-vous en.* (D'après *Gn* 1,28)

— Dieu notre Père, moi, je le trouve gentil.

— Oui, Dieu notre Père est bon et grand. Il est plus grand que tout. Et son Fils Jésus est comme lui. Il veut que nous ayons la vie. Un jour, Jésus a dit: *Moi, je suis venu sur la terre, pour que les hommes, les femmes, les enfants soient pleins de vie; je suis venu pour qu'ils soient heureux de vivre...* (D'après *Jn* 10,10)»

Parler à Jésus avec l'enfant

Maman constate: «Quand nous parlons ensemble, comme nous le faisons maintenant, moi, je suis heureuse. Toi?

— Moi aussi, je me sens plein de vie...

— Maintenant, tu vas dormir. Nous allons dire un beau merci à Jésus et à Dieu notre Père pour la vie qui est en nous:

> *Dieu notre Père,*
> *merci pour la nature pleine de vie.*
> *Merci aussi pour le travail*
> *de ceux qui font le sirop d'érable,*
> *de ceux qui cueillent les pommes...*
> *Merci pour la vie en nous.*
>
> *Seigneur Jésus,*
> *merci d'être venu*
> *pour que nous soyons pleins de vie,*
> *pour que nous soyons heureux de vivre.*

Pourquoi les fleurs poussent?
Qui les fait pousser?

C'est la question de l'origine de la création.
Il est important de saisir l'occasion de parler d'un Dieu créateur
qui nous confie la responsabilité du devenir de la création.

Accueillir la question de l'enfant

«Maman, maman, crie Jennifer, regarde les belles fleurs jaunes!

— Ce sont des jonquilles. Quand les jonquilles sortent de terre, c'est le printemps... le beau printemps plein de vie!...

— Maman, dis-moi, pourquoi elles poussent les fleurs? qui les fait pousser?

— C'est joli, n'est-ce pas, des fleurs qui s'éveillent et sortent de terre au printemps?... Tu vois, elles poussent toutes seules si elles ont de l'eau, si elles ont de la lumière...

— Toutes seules?

— C'est-à-dire qu'il a fallu mettre des grains spéciaux dans la terre. Puis les grains ont pourri et il en sort maintenant ces petites fleurs. C'est Dieu notre Père qui nous donne tout ce qui est beau... C'est lui qui veut que les fleurs poussent...»

Dialoguer avec l'enfant
lors d'un moment privilégié

Le lendemain, maman invite Jennifer à venir arroser les fleurs: «Regarde, Jennifer, comme elles ont grandi depuis hier, nos belles jonquilles...

— Elles ont grandi toutes seules!

— Oui toutes seules, mais parce que nous en prenons soin.

— Parce qu'elles ont du soleil aussi!...

— Oui, tu vois, les fleurs font comme nous: elles poussent toutes seules mais à condition qu'on en prenne soin... Toi, tu grandis, parce que nous t'aimons et que nous prenons soin de toi...

— Alors, ce n'est pas le bon Dieu qui fait pousser les fleurs?

— Oui, c'est Dieu notre Père qui nous donne tout ce qui est beau et bon. Il nous donne le soleil, la lune, les étoiles, la mer, les fleurs... mais il ne vient pas lui-même arroser les jonquilles et enlever la mauvaise herbe autour. Il n'est pas venu non plus semer les grains dans la terre. C'est Dieu notre Père qui nous donne cette belle nature, mais il nous la confie pour que nous en ayons soin, pour que nous rendions le monde plus beau...»

Parler de Jésus avec l'enfant

Maman continue: «C'est beau de penser à cela que c'est Dieu notre Père qui nous donne ce qui est beau et bon parce qu'il nous aime! Tu sais, notre ami Jésus pensait souvent à cela...

— Ah oui?

— Un jour, Jésus a expliqué à ses amis: *Si vous semez un grain dans la terre et qu'il ne meurt pas, ce grain-là ne donnera pas de fleur, pas de fruit.* (D'après *Jn* 12,24) Ça voulait dire: "Si vous voulez réussir ce que vous entreprenez, faites des efforts même si ça vous coûte..."

— Jésus, lui, est-ce qu'il aimait les fleurs?

— Bien sûr! Il devait être bien content de les sentir, de les regarder. Moi, je pense que les enfants qui venaient le voir devaient lui faire des bouquets comme tu en fais pour moi, l'été... Et Jésus devait être bien content...

— Moi, je peux lui faire un bouquet de jonquilles, à Jésus?

— Bonne idée! Quand elles seront un peu plus ouvertes, demain peut-être, tu en choisiras et nous les placerons devant la croix de Jésus. Puis nous pourrons lui dire une prière...»

Parler à Jésus avec l'enfant

Quand elle placera les fleurs devant la croix, Jennifer pourra dire avec sa maman:

Seigneur Jésus,
voici des fleurs pour toi.
C'est pour te dire notre amour.

En regardant ces fleurs,
je veux penser que c'est Dieu notre Père
qui nous donne un monde si beau.

Aide-moi à toujours respecter la nature.
Aide-moi à en avoir soin.
Aide-moi à rendre le monde plus beau.
Aide-moi à donner de la joie aux autres.

Pourquoi c'est dangereux la forêt?

Cette question peut être posée par l'enfant qui,
pendant les vacances d'été, fait une excursion en forêt avec ses parents.
Ces derniers ne veulent pas le perdre de vue.

N'y a-t-il pas là une bonne occasion de reconnaître que Jésus
est à la fois guide et chemin menant vers le Père?

Accueillir la question de l'enfant

Quelle joie aujourd'hui de faire une excursion en forêt! Papa dit: «J'ouvrirai la marche en marquant les arbres de cette craie. Caroline me suivra, puis Jean-Michel viendra derrière. Maman fermera la marche. Il faudra bien me suivre parce que la forêt, c'est beau, mais c'est dangereux...

— Moi, je n'ai pas peur, dit Caroline, du haut de ses six ans.

— Moi, je vais te suivre, papa, reprend Jean-Michel, d'un an son cadet. Papa, dis-moi, pourquoi c'est dangereux la forêt? Il y a des monstres? des fantômes?

— Mais non, il n'y a ni monstre, ni fantôme! Et si nous restons bien ensemble, il n'y aura aucun danger. Suivez-moi et vous verrez. Maintenant, allez, préparez-vous: prenez vos sacs à dos, vos gourdes...» conseille papa.

Dialoguer avec l'enfant
lors d'un moment privilégié

Jean-Michel pose un regard interrogateur à sa mère. Maman esquisse un sourire qui en dit long... Un sourire qui invite à la confiance. Et voilà que toute la famille se prépare et part.

Papa marque chaque arbre en expliquant que cela l'aidera à retrouver le chemin du retour... À midi, on cueille des framboises sauvages puis on s'assoit par terre pour déguster un bon petit repas.

«Que nous sommes bien ici! Elle est belle la forêt et avec toi, papa, je n'ai pas peur, dit Caroline. Tu es un bon guide.

— Oui, mais si on ne suit pas le guide, on peut se perdre, hein, maman! reprend Jean-Michel qui ne quitte pas maman d'une semelle.

— Oui, la forêt est belle mais elle devient dangereuse si on n'est pas prudent.

— Vous voyez, les enfants, continue papa, les arbres se ressemblent tous et on peut facilement se tromper de chemin. Mais quand on fait une marque sur les arbres, on se retrouve. Elle est très grande cette forêt!»

Et papa chantonne:

Par les grands arbres,
par les bois calmes,
par la forêt,
Seigneur, nous te prions...

Parler de Jésus avec l'enfant

«Qu'est-ce que tu chantes, papa? demande Caroline.

— Un chant que j'ai appris quand j'étais scout. C'est une prière.

— Une prière? chante-la encore.»

Et papa recommence:

Par les grands arbres...

Maman dit: «C'est vrai que lorsque nous voyons de si beaux arbres, une si grande forêt, nous pouvons penser au

Seigneur et lui dire: "Tu es encore plus beau et plus grand que tout cela..."

— Moi, dit papa, en marchant tout à l'heure, quand je vous guidais, je pensais à Jésus. C'est lui qui nous guide sur le chemin de la vie. Il a dit: *Si vous voulez être sur le chemin, suivez-moi. C'est moi, le vrai Chemin.* (D'après *Jn* 8,12; 14,6)

— Moi aussi, je pensais à cela, ajoute maman. Je me disais: "Dans la forêt, tant que nous suivons un bon guide, tant que nous prenons le bon chemin, il n'y a pas de danger. Dans la vie, c'est pareil: tant que nous suivons Jésus notre guide, nous sommes dans le bon chemin, et nous sommes dans la paix..."

— Papa, maman, questionne Jean-Michel, comment on fait pour suivre Jésus?

— Bien voyons, Jean-Michel, c'est clair, de répondre fièrement Caroline, on fait comme il a fait: on aime Dieu notre Père, on lui parle, puis on aime les autres, on partage, on pardonne...»

Parler à Jésus avec l'enfant

Alors, propose papa, nous pouvons, avant de reprendre notre route, prier ensemble un moment?

Seigneur Jésus,
nous te disons merci pour la joie que nous avons
d'être ensemble dans cette belle forêt.
Tu es notre guide.
Mets dans notre cœur
le désir de te suivre
pour aller comme toi vers le Père.

Pourquoi on ne voit pas Dieu si on voit les étoiles dans le ciel?

C'est la question qui exprime le désir de voir Dieu.
Elle provient de l'ambiguïté du mot «ciel».

Répondre à cette question, c'est saisir l'occasion de creuser
davantage en nous et en l'enfant le désir de communion au Père.

Accueillir la question de l'enfant

C'est l'été. Au mois d'août, quand on peut compter les étoiles filantes, Benoît a le privilège de veiller avec ses parents pour contempler la voûte céleste...

C'est le grand calme. On n'entend que le chant des grillons. Devant un feu destiné à chasser les maringouins, la famille se repose. Et papa raconte: «Tu vois les étoiles qui dessinent un grand chaudron? Ces étoiles forment ce qu'on appelle la Grande Ourse...

— Papa, regarde, il y a aussi un petit chaudron, on dirait, avec une étoile très, très brillante...

— Eh oui! C'est la Petite Ourse avec son étoile polaire...

— Papa, dis-moi, pourquoi on ne voit pas le bon Dieu qui est dans le ciel? Les étoiles, on les voit très bien...

— Tu aimerais bien le voir, Dieu notre Père, n'est-ce pas?

— Oh, oui! pourquoi on ne peut pas le voir?»

Dialoguer avec l'enfant
lors d'un moment privilégié

Papa reprend: «Benoît, le bon Dieu, moi non plus, je ne l'ai jamais vu.

— Maman, toi, est-ce que tu l'as déjà vu le bon Dieu?

— Non, mon grand. Moi non plus, je ne l'ai jamais vu.

Quand on dit que le bon Dieu est au ciel, c'est une façon de parler. Ça ne veut pas dire le ciel où sont les étoiles. Ce ciel-là où tu vois de si beaux points d'or, il faudrait l'appeler "le firmament". Les étoiles, nous les voyons dans le firmament.

— Quand on dit: "Dieu est au ciel", on veut dire: "Dieu, il est très, très, très heureux et il veut que nous soyons heureux avec lui, pour toujours."

— Mais où il est le bon Dieu?

— Il est avec nous; il est toujours avec nous...»

Parler de Jésus avec l'enfant

«Dieu, personne ne le voit. Mais nous avons la chance de le connaître parce que Jésus en a parlé à ses amis, reprend papa.

— Tu vois, Benoît? Souvent les gens disent de toi que tu es comme ton papa.

— Ah, oui! grand-maman dit toujours: "Benoît, quand je te vois, je vois ton père!"

— Écoute bien. Quand Jésus parlait, mangeait, travaillait, s'amusait avec ses amis, il était bon pour tous, il leur apportait de la joie. Et un jour que son ami Philippe lui a dit: "Jésus, je veux voir le Père, je veux voir le bon Dieu", Jésus lui a répondu: *Philippe, quand tu me vois, c'est comme si tu voyais le bon Dieu, notre Père... (D'après Jn 14,9)*

— Ah! ça, c'est un beau secret de Jésus! Mais moi, je ne l'ai jamais vu, Jésus.

— Non, toi, tu ne l'as pas vu, ni maman, ni moi. Mais des gens l'ont déjà vu. Ils ont vécu avec lui. Et quand nous voyons des personnes qui s'aiment, qui s'aident, qui se pardonnent, nous pouvons dire: "Ces personnes ressemblent à Jésus et à Dieu notre Père.">>

Parler à Jésus avec l'enfant

«Veux-tu que nous demandions à Jésus de garder dans notre cœur le désir de le mieux connaître et de mieux connaître Dieu, notre Père?» demande maman.

Seigneur Jésus,
je veux être ton ami.
Aide-moi a te connaître et à t'aimer.
Aide-moi aussi à mieux connaître le Père.

Garde-nous dans la paix et dans la joie.

Ce soir-là, Benoît s'endort dans les bras de papa, sous un firmament piqué d'étoiles... Il rêvera probablement aux étoiles filantes...

Pourquoi il faut aller à l'école au lieu de jouer dans les feuilles?

*C'est la question de l'enfant qui trouve difficile
de s'astreindre à une discipline et de grandir.*

*Occasion pour les parents d'initier l'enfant à l'équilibre
entre le travail et les loisirs
et de présenter le sens chrétien du travail.*

Accueillir la question de l'enfant

Ce matin-là, au petit déjeuner, Stéphane dit à Nathalie, sa jeune sœur: «Tu es bien chanceuse, toi, de ne pas aller à l'école!

— Tu n'as pas le goût d'aller à la maternelle aujourd'hui? questionne maman. Pourtant, tu as beaucoup d'amis à l'école et tu aimes bien tante Suzanne...

— Oui, mais j'aimerais mieux jouer dans les feuilles, comme hier. Dis, maman, je peux rester ici? Dis oui, maman... S'il te plaît...

— C'est vrai que vous avez eu bien du plaisir à vous amuser dans les feuilles hier, mais, aujourd'hui, il faut aller à l'école...

— Ce n'est pas drôle! Maman, dis-moi, pourquoi il faut aller à l'école au lieu de jouer dans les feuilles?

— Attends une seconde. J'essuie les mains de Nathalie qui a fini de déjeuner et je reviens t'expliquer...»

Dialoguer avec l'enfant
lors d'un moment privilégié

Maman et Stéphane dégustent, en tête-à-tête, qui, son café, qui, son lait chocolaté. «Ça ne te plaît pas beaucoup, n'est-ce pas, d'aller à la maternelle, aujourd'hui?

— J'aimerais mieux jouer dehors.

— Je comprends. C'est difficile de grandir!

— Ah, oui! Nathalie est bien chanceuse, elle, d'être petite.

— Oui, mais Nathalie aussi grandit. Bientôt, elle devra, comme toi, aller à l'école. Tu vois, pour papa non plus ça ne devait pas être drôle de retourner au travail, ce matin. Pourtant, il est parti en souriant.

— Mais toi, tu restes ici, avec Nathalie...

— C'est vrai, mais je vais travailler moi aussi: je vais faire le ménage, la lessive. Puis, je vais suivre un cours à la télévision. Je vais travailler en restant ici, comme d'autres mamans travaillent à l'extérieur.

— Ce n'est pas drôle du tout de travailler!

— Moi, j'aime bien travailler. Je suis fière de moi quand je réussis à vous faire un bon repas. Papa aussi aime bien travailler. Il est tout content quand il dit: "Ah, j'ai fait une bonne journée, aujourd'hui!" D'ailleurs, toi aussi, tu aimes travailler. Tu as du plaisir à faire de la peinture, à apprendre des comptines, à l'école...

— C'est vrai que j'aime ça faire de la peinture.

— Tu vois, il y a un temps pour s'amuser et un temps pour travailler. Et pour travailler dans la joie... Je suis certaine que tu vas être heureux de travailler aujourd'hui et d'apprendre du nouveau avec tes amis. Tiens, voici ton goûter. Il est l'heure de partir... Sois bien sage!»

Parler de Jésus avec l'enfant

Le soir, quand la famille est rassemblée, papa dit: «J'ai trouvé cela difficile de travailler aujourd'hui. Mais j'ai fait une bonne journée!

— Moi aussi, dit maman.

— Moi aussi», dit Stéphane.

Et papa ajoute: «Ça me fait penser à Jésus qui disait: *Moi je ressemble à mon Père; mon Père travaille et moi aussi, je travaille. (D'après Jn 5,17)*

— Il travaillait, Jésus? Qu'est-ce qu'il faisait?

— Il travaillait le bois avec Joseph quand il était un enfant. Ensuite, il pêchait avec ses amis. Et surtout, il enseignait.

— Comme tante Suzanne?

— Un peu, oui. Mais il enseignait surtout aux adultes. Il leur apprenait ce qu'il faut faire pour faire la joie du Père.

— Il aimait ça, enseigner?

— Bien sûr! mais parfois il trouvait cela difficile. Alors il se reposait dans la nature...

— Papa, maman, nous, on fait comme Jésus. On travaille, puis on se repose dans la nature, dans les belles feuilles d'automne, ensuite!»

Parler à Jésus avec l'enfant

Alors, papa et maman, si heureux du courage de Stéphane, se recueillent:

Seigneur Jésus,
tu sais que c'est difficile de grandir...
C'est difficile parfois de travailler...

Aide-nous à bien faire notre travail
même quand c'est difficile...
Aide-nous à bien nous amuser aussi...

Pourquoi le soleil s'en va tout de suite?
Où il va, le soleil?

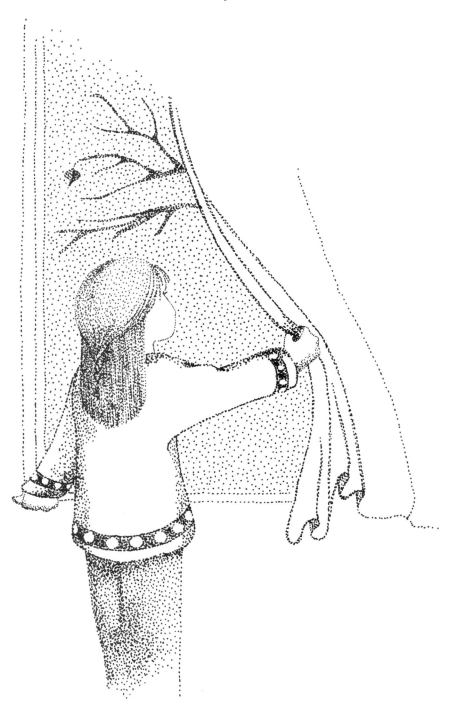

C'est la question posée par l'enfant qui déplore
que les jours raccourcissent à l'automne. Celle de l'enfant
qui vit symboliquement l'angoisse de la mort.

Accueillir cette question, c'est peut-être l'occasion
de parler de la résurrection.

Accueillir la question de l'enfant

Un après-midi d'automne, Marie-Élise constate que le soleil se couche de plus en plus tôt... Elle ressent un certain vague à l'âme, celui que les gens sensibles éprouvent souvent à la tombée du jour, quand on est entre chien et loup...

«Maman, pourquoi papa arrive-t-il si tard?

— Papa n'arrive pas plus tard, ma chérie. Tu sais bien que la nuit commence plus tôt à l'automne, voilà tout.

— Maman, dis-moi, pourquoi le soleil s'en va tout de suite? Où il va, le soleil? Où il va se coucher?»

Dialoguer avec l'enfant
lors d'un moment privilégié

«Le soleil ne se couche pas pour vrai. Quand on dit que le soleil se couche, c'est une façon jolie pour dire que la nuit arrive.

— Alors, il s'éteint le soleil? il meurt?

— Mais non, Marie-Élise, le soleil ne s'éteint pas. Il ne meurt pas non plus. Seulement, nous ne le voyons plus. Ce sont les personnes qui vivent ailleurs qui le voient. Quand c'est la nuit ici, c'est le jour ailleurs, de l'autre côté de la terre.

— Moi, je me sens toute drôle en dedans, quand le soleil nous quitte. C'est comme si mon cœur voulait pleurer...

— Je comprends. Moi aussi, parfois je suis comme cela... Mais je sais que ça passera.

— Pourquoi c'est comme ça, maman?

— Je ne sais pas. Peut-être est-ce parce qu'on a l'impression qu'on va, nous aussi, s'endormir... peut-être qu'on pense un peu à la mort...»

Parler de Jésus avec l'enfant

Et maman raconte: «Tu vois, Marie-Élise, quand je regarde le soleil qui a l'air de descendre à l'horizon, je me dis: le soleil continue d'exister même si je ne le vois pas. Alors, tu devines à qui ça me fait penser?

— À papa qu'on ne voit pas mais qui est ailleurs et qui va revenir?...

— Oui, à papa. Mais aussi au Seigneur Jésus. Jésus, on ne le voit pas et pourtant il est bien vivant. Dieu le Père le voit, lui. Et nous, nous savons bien que Jésus est avec nous, qu'il est notre lumière, même si nous ne le voyons pas.

— Jésus, est-ce que quelqu'un le voit de l'autre côté de la terre? comme le soleil?

— Non. Jésus, il est mort. Puis il est redevenu vivant autrement. Il est avec nous mais nous ne pouvons pas le voir maintenant. Un jour, Jésus a dit: *Je vais mourir, puis je vais ressusciter; je vais être vivant pour toujours, toujours.* (D'après *Mc* 10,34)

— Et moi, quand je vais mourir, est-ce que je vais voir Jésus?

— Oui, quand nous mourrons, nous allons voir Jésus. Nous serons avec lui pour toujours. C'est Jésus qui l'a dit. Il l'a promis.

— À qui Jésus a-t-il fait cette promesse, maman?

— À ses amis. Avant de mourir il leur a dit: *Ne soyez pas tristes. Je vais vous préparer une place. Vous serez avec moi, pour toujours.* (D'après *Jn* 14,1.3)

— Jésus, c'est un beau soleil, hein, maman?

— Oui. Jésus, c'est la lumière du monde. C'est lui qui met la paix dans nos cœurs.»

Mais papa rentre de son travail. Marie-Élise court se jeter dans ses bras et lui dit: «Papa, tu es mon soleil. Maintenant, tu es revenu du bon côté de la terre, et je te vois!...»

Dans le clin d'œil de maman, papa comprend qu'une explication viendra plus tard, après le souper.

Parler à Jésus avec l'enfant

Ce soir-là, la famille prie ainsi:

Seigneur Jésus,
Tu es notre lumière.
Même si nous ne te voyons pas,
nous savons que tu es bien vivant.

Tu nous prépares une place auprès de toi.
Nous sommes dans la paix.
Merci, Seigneur Jésus.

Pourquoi il faut toujours que je prête ma traîne-sauvage à Pierre-Alain?

La difficile question du partage posée par l'enfant qui, déjà,
apprend qu'il ne peut tout garder pour lui seul...

N'est-ce pas là l'occasion d'ouvrir l'enfant au sens chrétien
de ce partage dont l'Évangile parle de façon si interpellante?

Accueillir la question de l'enfant

«Bonjour, Madame, est-ce que Pierre-Alain peut venir jouer avec moi?» avait gentiment demandé Clothilde.

Et avant même que sa mère n'ait le temps d'acquiescer, Pierre-Alain avait rejoint son amie. Les deux enfants s'amusaient ferme à créer le plus merveilleux bonhomme de neige qui soit. Jusqu'au moment où Clothilde dit: «Maintenant je vais jouer avec ma traîne-sauvage.

— Oh, tu me la prêteras?

— Bien... elle est toute neuve, Pierre-Alain.

— Ça ne fait rien, Clothilde, je vais faire attention...

— Pas aujourd'hui! Aujourd'hui, je la veux pour moi toute seule ma traîne-sauvage neuve.»

Alors, Pierre-Alain visiblement peiné n'a plus voulu jouer. Il est rentré chez lui, le cœur bien gros de n'avoir pas de traîne-sauvage.

Maintenant, pendant que la maman de Pierre-Alain console son fils, Clothilde se plaint à sa mère: «Pierre-Alain n'est pas gentil. Ce n'est plus mon ami. Il ne veut plus jouer avec moi...

— Ah! Et pourquoi donc?

— Parce que... parce que je ne veux pas lui prêter ma belle traîne-sauvage toute neuve...

— Voyons, Clothilde! Il doit avoir beaucoup de chagrin, Pierre-Alain. Es-tu heureuse d'avoir refusé de partager ta traîne-sauvage avec lui?

— Bien... Maman, dis-moi, pourquoi il faut toujours que je prête ma traîne-sauvage à Pierre-Alain?

— Moi, je pense que tu n'es pas obligée de prêter ni ta traîne-sauvage, ni aucun de tes jouets... Pas plus que Pierre-Alain n'est obligé de te prêter ses belles raquettes et son bâton de hockey... Et pourtant, ça te fait plaisir à toi quand Pierre-Alain te prête ses jeux!»

Dialoguer avec l'enfant
lors d'un moment privilégié

Ce soir-là, maman reprend la conversation: «Clothilde, as-tu pensé à Pierre-Alain, depuis que vous vous êtes quittés cet après-midi?

— Oui, maman...

— Et puis?...

— Bien, j'aurais dû dire oui... J'aurais dû lui prêter ma traîne-sauvage... Ça lui aurait fait plaisir... Un tour, il m'aurait promenée et un tour, je l'aurais promené...

— Tu as bien réfléchi, ma grande, je pense que tu as raison... Tu vois, on n'est pas obligé de partager, mais quand on a un cœur qui ressemble à celui de Jésus, on aime bien partager; on aime bien faire plaisir...»

Parler de Jésus avec l'enfant

Maman poursuit: «Clothilde, veux-tu connaître un beau secret que le Seigneur Jésus a dit à ses amis?

— Oui. J'aime bien les secrets de Jésus...

— Alors, écoute bien et prends ce secret dans ton cœur. Le Seigneur Jésus a dit: *Quand vous partagez avec les autres, c'est comme si vous partagiez avec moi.* (D'après *Mt* 25,40).

— Oh, maman, moi, je la partagerais ma traîne-sauvage avec Jésus!

— Oui? Et Jésus serait content, n'est-ce pas? Si tu la partages avec Pierre-Alain, c'est comme si tu la partageais avec Jésus...

— Maman, veux-tu on va téléphoner à Pierre-Alain pour lui dire que demain, je vais lui prêter ma traîne-sauvage?»

Et maman compose pour l'enfant le numéro de téléphone...

Parler à Jésus avec l'enfant

Après ce coup de téléphone, Clothilde est heureuse de prier avec sa maman:

Seigneur Jésus,
toi, tu partageais toujours avec tes amis.
Aide-nous à te ressembler.
Aide-nous à faire comme toi.
Rends-nous capables de partager
même quand c'est difficile.

Merci, Seigneur Jésus,
de nous faire comprendre
que lorsque nous partageons avec les autres,
c'est comme si nous partagions avec toi.

Pourquoi le chant du silence, c'est comme une prière?

L'enfant ému devant l'immensité et la grandeur d'un paysage
d'hiver pourra entendre la voix du silence qui lui pose question.

L'adulte attentif et capable d'intériorité ne reculera pas
devant l'occasion de lui faire apprivoiser ce mystère.

Accueillir la question de l'enfant

C'est l'hiver. Les parents de Raphaëlle et de Jean-Christophe décident d'explorer la nature avec leurs enfants. Après une demi-heure de marche, ils parviennent à un lac tout couvert de neige. Le soleil joue sur cette immense étendue et, partout, des diamants scintillent. Raphaëlle entonne une chanson apprise à la maternelle:

Tombe, tombe, neige,
plus pure encore que le lis,
Tombe, tombe, neige,
Moi, je t'aime et moi, je ris.

«Que c'est beau! dit papa...
— Et calme!... ajoute maman... on n'entend rien! Écoutez le silence...»

Et toute la famille écoute, écoute... jusqu'à ce que Jean-Christophe demande tout bas, comme gêné d'interrompre le recueillement: «Papa, maman, dis-moi, pourquoi le chant du silence, c'est comme une prière?»

Papa ne dit pas un mot... maman non plus... Ils entourent seulement les épaules de leurs enfants qui comprennent dans ce geste, mieux que dans les paroles, l'importance et la grandeur de la communion...

Dialoguer avec l'enfant
lors d'un moment privilégié

Après un long moment, papa rompt le silence. Il dit: «C'est vrai, Jean-Christophe, que le chant du silence, c'est comme une prière... Dans le silence, moi, j'aime bien écouter le Seigneur Jésus et lui parler...

— Qu'est-ce qu'il te dit, le Seigneur Jésus, papa? demande Raphaëlle.

— Bien... ça dépend...

— Aujourd'hui, papa, qu'est-ce qu'il t'a dit, Jésus?

— Aujourd'hui, je me suis souvenu d'une Parole de Jésus qui disait: *Quand deux ou trois de mes amis sont réunis pour faire quelque chose que j'aime, moi je suis avec eux...*» (D'après *Mt* 18,20)

Parler de Jésus avec l'enfant

«Mais, papa, on n'est pas deux ou trois, on est quatre: un, deux, trois, quatre», reprend Jean-Christophe en pointant chacun...

Maman vient à la rescousse: «Ce que Jésus a voulu dire, Jean-Christophe, c'est ceci: *Quand quelques-uns de mes amis sont ensemble pour réaliser quelque chose qui me plaît, moi, je suis avec eux.* (D'après *Mt* 18,20)

— Et ça lui plaît, à Jésus, que nous soyons ensemble, hein, maman?

— Bien sûr, Raphaëlle. Quand on est tous ensemble dans la paix et dans la joie, quand nous admirons ensemble la belle neige et le beau soleil, quand nous remplissons nos poumons d'air frais, quand nous prenons le temps d'écouter le silence de la nature, quand nous prenons le temps de communier entre nous, Jésus est avec nous...»

Papa reprend: «Oui, nous sommes avec Jésus et Jésus nous fait un cœur nouveau...» (D'après *II Co* 5,17)

Prier Jésus avec l'enfant

Maman dit:

Neige et soleil, bénissez le seigneur!

Puis après un moment, on continue à prier ainsi:

Seigneur Jésus,
tu es avec nous
quand, ensemble, nous faisons quelque chose
qui te plaît...
Nous te disons merci.

Aide-nous à écouter la chanson du silence.

Aide-nous à faire silence dans notre cœur
pour entendre ta Parole.

Merci de nous donner un cœur nouveau.

Merci de faire du neuf en nous.

NOS ENFANTS ET LES QUESTIONS DES JOURS HEUREUX

Pourquoi on fait la fête?

*C'est l'anniversaire de Sébastien. Véronique, sa cadette,
est partagée entre la joie de fêter son frère et le regret
de n'être pas elle-même la vedette de la fête.*

*Occasion d'apprendre à se réjouir
de la joie des autres, comme Jésus.*

Accueillir la question de l'enfant

Pendant que papa et maman achèvent de décorer la cuisine pour le repas d'anniversaire de Sébastien, ils entendent Véronique qui soupire. C'est difficile à quatre ans de ne pas être le héros de la fête! «Viens, Véronique, viens m'aider à préparer une surprise à Sébastien...»

Devant l'invitation de papa, on n'a pas le goût de résister. Aussi Véronique retrouve son beau sourire et demande: «Papa, dis-moi, pourquoi on fait la fête?

— Pourquoi crois-tu qu'on la fait?

— Bien, c'est parce que Sébastien a sept ans...

— C'est cela. Quand c'est l'anniversaire de quelqu'un qu'on aime, on fait une fête pour lui dire notre amour...

— ...

— Quand tu as eu quatre ans, tu te souviens, nous avons fait une fête pour toi...

— Oh oui! Et j'ai reçu ma poupée Stéphanie... Et j'ai eu un beau gâteau... Et tout le monde a chanté "Chère Véronique, c'est à ton tour de te laisser parler d'amour..." Oui, je me souviens. Quand je vais avoir cinq ans, est-ce que j'aurai encore une fête?...

— Bien sûr, ma grande. Quand tu auras cinq ans, nous te ferons des surprises à toi aussi. Mais pour le moment...»

Avant même que papa ait la chance de terminer sa phrase, Véronique court ouvrir la porte. C'est Sébastien qui

50

arrive avec grand-papa et grand-maman qui l'ont gardé toute la journée, pendant qu'on préparait la fête.

La première, Véronique offre à son frère une belle carte qu'elle a elle-même dessinée et toute la famille chante:

Cher Sébastien, c'est à ton tour
De te laisser parler d'amour...

Dialoguer avec l'enfant lors d'un moment privilégié

Avant d'aller dormir, le soir même ou le lendemain, les parents reviennent sur la fête. «Es-tu content de cette fête, Sébastien?

— Et toi, Véronique, as-tu aimé préparer la fête de Sébastien?

— Moi, je trouve qu'à sept ans, on est déjà un grand.

— C'est vrai, Sébastien. Et nous sommes fiers de toi. Tu es de plus en plus gentil. Et tu nous aides souvent.

— Moi, j'ai hâte que ce soit ma fête aussi. Des fois, c'est difficile quand c'est la fête des autres. Ils ont tous les cadeaux. Mais je l'ai aimée la fête de Sébastien.

— Et moi aussi, je l'ai aimée ma fête. Véronique m'a fait une belle carte. Mes cadeaux sont beaux. Le gâteau était délicieux...»

Parler de Jésus avec l'enfant

Les parents invitent les enfants à penser à Jésus qui nous aime et qui est content de voir Sébastien grandir et Véronique apprendre à faire plaisir aux autres.

La famille essaie de penser à une fête que Jésus a vécue:

les noces de Cana, le dernier repas avec ses amis... On se redit que Jésus est avec nous dans la fête; il veut que nous soyons heureux.

Parler à Jésus avec l'enfant

Les parents proposent de parler de cette fête à Jésus. Chacun le fait dans ses mots. On peut dire, par exemple:

Jésus, tu aimais les fêtes.
Tu fêtais avec tes amis.

Tu as vu la fête de Sébastien.
Tu as aidé Véronique à bien vivre cette fête.
Nous te disons merci
pour la joie que tu mets dans nos cœurs.

Nous voulons faire une petite fête pour toi en chantant:
«Mon cher Jésus, c'est à ton tour
de te laisser parler d'amour...»

Pourquoi on apporte des fleurs?

C'est l'éveil de l'enfant au sens de la gratuité et du «faire plaisir».

Bonne occasion de développer ce sens en faisant appel à l'aptitude qu'a l'enfant de s'émerveiller.

Accueillir la question de l'enfant

«Oh! que c'est joli! Maman, dis-moi, pourquoi on apporte des fleurs», questionna Mélanie avant même de faire la bise à tante Ghislaine qui venait d'arriver avec un bouquet de lilas. «Est-ce ta fête, maman?

— Mais non, ma chérie, ce n'est pas ma fête...

— Tu les trouves jolies, ces fleurs? demande tante Ghislaine.

— Oui et ça sent bon! Pourquoi apportes-tu des fleurs à maman?

— Pourquoi penses-tu que je les lui offre?

— Sais pas...»

Alors, maman prend dans son bouquet une branche de lilas et dit à Mélanie: "Tiens, cette branche est pour toi. Nous allons la mettre dans un vase et tu l'apporteras dans ta chambre."

— Oh merci, maman. Tu es gentille. Je t'aime beaucoup, beaucoup, beaucoup...»

Et Mélanie, oubliant sa question ou ayant trouvé réponse à cette question, monte à sa chambre laissant sa mère et tante Ghislaine à leur sérieuse conversation.

Dialoguer avec l'enfant
lors d'un moment privilégié

Au moment d'aller border Mélanie pour la nuit, maman regarde la branche de lilas. Elle la sent et dit: «Comme c'est beau et comme ça sent bon! Ça t'a fait plaisir que je partage mes fleurs avec toi?

— Oui, merci ma belle maman en or!

— Tu sais maintenant pourquoi on peut offrir des fleurs?

— Pour faire plaisir?

— Oui, pour faire plaisir. Toi aussi, tu me fais plaisir quand tu m'apportes des fleurs, quand tu me fais un dessin, quand tu me prépares une surprise...

— On ne fait pas plaisir rien que quand c'est la fête de quelqu'un, hein, maman? Moi, je veux te faire plaisir toujours.

— Moi aussi, je veux te faire plaisir toujours.»

Parler de Jésus avec l'enfant

Poursuivant le dialogue, la maman demande: «Veux-tu, je vais te raconter comment Jésus aimait les fleurs?

— Oui, je veux, je veux...

— Un jour, Jésus se promenait avec ses amis. Il admirait les fleurs. Tout à coup, il dit à ses amis: *Regardez comme elles sont belles, ces fleurs! Elles ont des robes de toutes sortes de couleurs. Mon Père les aime beaucoup. Et vous, mes amis, il vous aime encore plus que ces fleurs... Il prend soin de vous!* (D'après *Mt* 6,28-30)

— Maman, Jésus, est-ce qu'il m'aime?

— Oh oui, Jésus t'aime beaucoup. Toi, est-ce que tu l'aimes aussi?

— Oui... Je vais mettre mes fleurs devant son image pour lui dire que je l'aime.»

Parler à Jésus avec l'enfant

«En lui offrant tes fleurs, tu peux dire un secret à Jésus. Tu sais, Mélanie, Jésus t'écoute et il t'aime.»

Après un moment de recueillement et de silence, maman prie ainsi à haute voix:

Jésus, je veux te dire combien je suis contente.
Aujourd'hui, tante Ghislaine m'a apporté des fleurs
pour me faire plaisir.
Mélanie et moi, nous avons parlé de toi.
Cela aussi, Jésus, me fait plaisir.
Regarde les fleurs que Mélanie t'offre.
Merci, Jésus, pour la joie
que tu nous donnes.
Nous t'aimons de tout notre cœur.

Pourquoi elle va venir, grand-maman?

*C'est la question de l'enfant qui aime ses grands-parents
et qui souhaite leur visite.*

Occasion rêvée pour favoriser chez lui l'ouverture aux autres.

Accueillir la question de l'enfant

Ce soir-là, papa demande à Frédéric: «Dis, mon grand, tu prêteras ta chambre à grand-maman si elle vient passer quelques jours avec nous?

— Youppi! grand-maman va venir, Isabelle! Grand-maman va venir et c'est ma chambre qu'elle prendra!

— Pourquoi elle va venir, grand-maman? Pourquoi elle va rester avec nous? questionne Isabelle.

— Pour nous rendre visite et aussi pour se reposer, répond maman. Vous savez, grand-maman est un peu fatiguée et comme elle vous aime beaucoup, c'est avec vous qu'elle a choisi de venir se reposer. Vous êtes contents?

— Chic alors! grand-maman va nous raconter des histoires...

— Elle va nous faire des gâteaux...

— Puis de la bonne tire qui s'étire, tire, tire...

— Oh, la, la, mes gourmands! N'oubliez pas que grand-maman vient se reposer... gronde papa en souriant...

— Oui, mais grand-maman dit que ça la repose quand elle nous gâte...

— Viens, Isabelle, viens m'aider à libérer ma chambre pour grand-maman. Il faut sortir tous mes jouets avant que papa et maman refassent un beau lit tout propre...»

Et toute la famille se prépare avec entrain à la visite de grand-maman.

Dialoguer avec l'enfant
lors d'un moment privilégié

Devant le foyer, après le repas, quand le calme revient, les parents évoquent simplement l'arrivée prochaine de grand-maman. Ils soulignent combien Isabelle et Frédéric ont manifesté de la joie à l'annonce de cette belle visite. En parlant avec les enfants, ils leur permettent de prendre conscience du fait que

- lorsqu'on aime quelqu'un, on est heureux de le recevoir...
- lorsqu'on a un cœur ouvert, un grand cœur, on fait tout ce qu'on peut pour faire plaisir à ceux qu'on accueille...

Parler de Jésus avec l'enfant

Puis, les parents disent simplement: «Quand on accueille les autres on ressemble aux amis de Jésus.»

Ils demandent aux enfants s'ils connaissent un fait de la vie de Jésus où ce dernier a été accueilli par des amis. Avec les enfants, ils peuvent alors parler de

- Jésus qui est allé demeurer chez Zachée et qui a changé son cœur... (*Lc* 19,2-10)
- Jésus qui allait se reposer chez Lazare, Marthe et Marie, à Béthanie, et qui aimait bien parler avec eux... (*Lc* 10,38-42)

Les parents aident les enfants à faire le parallèle: «Comme Jésus qui allait se reposer chez ses amis, grand-maman va venir chez nous. Nous allons l'accueillir comme les amis de Jésus accueillaient ce dernier.»

En continuant cet échange familial, il serait peut-être bon que toute la famille s'unisse pour faire une carte qui, déposée dans la chambre de grand-maman, lui dirait quelle joie on a de la recevoir.

Parler à Jésus avec l'enfant

Avant d'aller dormir, les enfants peuvent prier avec leurs parents:

Jésus, tu allais te reposer chez tes amis.
Tu les rendais heureux.
Grand-maman va faire comme toi.
Elle va venir se reposer chez nous.
Nous sommes heureux de la recevoir.
Ouvre notre cœur tout grand pour que
nous l'accueillions de notre mieux
comme tes amis savaient t'accueillir.

Pourquoi mon cœur toque quand Tom revient de l'école?

C'est la question de l'enfant qui prend conscience du fait qu'on est heureux ensemble dans la famille. La question qui exprime le désir d'être avec ceux qu'on aime...

Excellente occasion de vivre avec l'enfant une expérience de communion à Jésus qui est toujours avec nous...

Accueillir la question de l'enfant

Sophie a trois ans. Son frère aîné va déjà à l'école. Et chaque jour, à la même heure, elle guette à la fenêtre le retour de Tom. Quelle fête quand il revient!

Ce jour-là, comme d'habitude, Sophie attend et dès qu'elle aperçoit son grand frère, elle saute de joie. Vanessa, sa gardienne, lui dit: «Comme tu es contente! Il te manque, ton frère, n'est-ce pas?»

Mais déjà Tom est entré et le voilà qui raconte ses prouesses de la journée tout en dégustant la collation préparée par Vanessa pour les deux enfants. C'est alors que, profitant d'un moment de silence, la benjamine supplie sa gardienne du regard en disant: «Vanessa, dis-moi, pourquoi mon cœur toque quand Tom revient de l'école?»

Vanessa laisse porter la question. Un peu émue, elle regarde les enfants et dit: «Moi aussi, mon cœur toque quand Tom revient et que vous êtes là tous les deux...

— C'est que tu es contente, hein, Vanessa, quand on est ensemble, reprend Tom.

— Moi, quand maman et papa reviennent, mon cœur toque aussi.»

Et Sophie se met à chanter sur l'air de Frère Jacques:

Mon cœur toque (2)
Très, très fort (2)

C'est parce qu'il aime (2)
Toc, toc, toc. (2)

Vanessa et Tom chantent avec elle en faisant la ronde. Puis les deux enfants s'amusent ensemble jusqu'à l'arrivée de leurs parents qui rentrent du travail.

Dialoguer avec l'enfant
lors d'un moment privilégié

Ce soir-là, au moment du dessert, Tom aide Sophie à raconter à maman et à papa la question importante posée par elle. Toute la famille cause autour du bon gâteau.

«Nous avons de la chance d'être heureux tous ensemble, dit papa.

— C'est parce que nous nous aimons, ajoute Tom.

— Quand je suis seule avec Vanessa, je m'ennuie, poursuit Sophie.

— Mais elle est gentille, Vanessa? questionne maman.

— Oh, oui. Elle aussi, elle attend Tom avec moi pour prendre un petit goûter.»

Parler de Jésus avec l'enfant

Le papa ou la maman dit simplement: «Cela me fait penser à Jésus qui avait hâte de voir ses amis. Il leur faisait comprendre qu'il aimait les enfants. Il disait: *Laissez venir à moi les petits enfants.* (*Mt* 19,14) Jésus est-il notre ami, à nous aussi?»

Chaque membre de la famille s'exprime alors et dit pourquoi il reconnaît que Jésus est son ami.

Un des adultes peut conclure, à moins que Tom ne l'ait précédé: «Notre cœur toque parce que Jésus est avec nous et qu'il nous aime.»

Parler à Jésus avec l'enfant

Le papa ou la maman invite la famille à prier:

Jésus, tu es notre ami.
Nous sommes heureux avec toi.
Notre cœur toque parce que nous t'aimons.
Reste avec nous, Jésus.

Peut-être même la famille pourra-t-elle chanter la chanson de Sophie avec l'adaptation suivante:

Mon cœur toque (2)
Très, très fort (2)
C'est Jésus qu'il aime (2)
Toc, toc, toc. (2)

Pourquoi je n'ai pas eu de médaille, moi?

Question de l'enfant qui trouve difficile que l'autre ait plus de succès que lui, surtout quand cela se produit dans une famille recomposée.

L'occasion peut être bonne d'apprendre à l'enfant à découvrir ses propres talents tout en appréciant ceux des autres.

Charles, Zoé et leur maman habitent maintenant avec Maire-Soleil, Justin et leur papa. Ensemble, ils forment une nouvelle famille, une famille recomposée.

Les parents font tout pour que les quatre enfants vivent dans l'harmonie et la bonne entente. Ce n'est pas toujours facile.

Accueillir la question de l'enfant

Ce jour-là, toute la famille a participé aux olympiades. Marie-Soleil a même remporté une médaille d'or en acrobatie. Elle en est très fière.

Toute la famille se retrouve au salon et se réjouit avec Marie-Soleil.

«Tu sais, ma grande, dit papa, je suis fier de toi. Tu as bien réussi. Cette médaille, tu l'as bien méritée.

— Oui, j'ai travaillé fort pour la gagner et je l'aime ma médaille. Je vais la porter toujours, toujours.»

Même Zoé veut féliciter sa nouvelle grande sœur. Elle chante avec sa maman:

C'est un B, un R, un A,
c'est un V avec un O,
rassemblez toutes ces lettres
et vous trouverez
BRAVO! BRAVO! BRAVO!

Charles est triste parce qu'il n'a pas eu de médaille. Pourtant il s'attendait tellement à être le premier à la course. Il est même un peu injuste pour Marie-Soleil. Il dit: «L'acrobatie, ce n'est pas bien difficile. Moi aussi, j'aurais eu une médaille si j'avais participé. La course, c'est bien plus exigeant. Pourquoi je n'ai pas eu de médaille, moi?

— Chaque discipline est exigeante, Charles, lui répond sa maman.

— Ça, c'est bien vrai, dit Marie-Soleil. Ça ne fait rien si tu n'as pas de médaille. Ça sera pour une autre fois. Moi, c'est la première fois, tu sais, que j'en gagne une.

— Et puis, ajoute le papa de Marie-Soleil et de Justin, moi, je suis fier de toi. Tu as fait ton possible. Tu n'as pas triché. Tu as été un bon participant et nous avons eu tant de plaisir à te regarder courir. Si tu le veux, à compter de demain, nous irons toi et moi faire du jogging ensemble.»

Charles est tout heureux. Il remet sa casquette en disant: «Maman, je pense que maintenant, on est une vraie famille.»

Parler de Jésus avec l'enfant

«Bien sûr qu'on est une vraie famille. Nous nous aimons beaucoup et nous sommes capables d'être heureux quand il arrive une joie à quelqu'un.

— Ta maman a bien raison, Charles. Moi, je dis merci chaque jour à Jésus parce que c'est lui qui nous aide à créer de la joie.»

Charles réfléchit. Soudain, il dit: «Moi je pense que lorsque je mets du sourire sur le visage des autres, ça met du bonheur sur le visage de Jésus.»

Et Marie-Soleil ajoute: «Comme c'est beau ce que tu dis! Ça vaut... une médaille d'or!»

Parler à Jésus avec l'enfant

Avant d'aller conduire Zoé et Justin dans leur chambre pour la nuit, toute la famille se recueille et le papa de Marie-Soleil commence la prière.

Jésus, parce que tu nous aides à être heureux,
nous te décernons une médaille d'or.

Maman poursuit:

Jésus, parce que tu as donné à Marie-Soleil
un beau talent d'acrobate,
nous te décernons une médaille d'or.

Marie-Soleil ajoute:

Jésus, parce que tu as fait comprendre à Charles
ce qui met du bonheur sur ton visage,
nous te décernons une médaille d'or.

Et Charles termine:

Jésus, parce que tu as donné la bonne idée
au papa de Marie-Soleil de faire du jogging avec moi,
nous te décernons une médaille d'or.

Pourquoi ça fait plaisir
quand je joue du violon?

Jean-François, comme sa sœur Annie, a beaucoup de talent.
Il s'étonne que les adultes qui peuvent profiter de beaux concerts
aient plaisir à l'entendre.

Occasion pour l'enfant de reconnaître ses talents
et de les mettre au service des autres.

Accueillir la question de l'enfant

Depuis quelques mois, Jean-François étudie le violon. Faisant allusion au célèbre film, il avait dit: «Moi, je serai *un violon sur le toit*!»

Même s'il en est encore au *Ah, vous dirais-je, maman* et aux premières notes du *Menuet de Don Juan,* il se défend bien. Cependant, il reste perplexe devant les adultes qui lui réclament quelques mesures.

Après que lui et Annie ont joué du violon et du piano pour leurs grands-parents, Jean-François demande: «Papa, dis-moi, pourquoi ça fait plaisir quand je joue du violon?

— Parce que c'est beau et que tu joues bien...

— C'est bien plus beau sur un disque...

— Mais quand on connaît l'artiste, dit grand-maman, ça fait encore plus plaisir de l'entendre jouer... Et tu fais des progrès!...

— Tu veux bien, Jean-Joie, jouer avec moi le *Petit air écossais*? Je vais t'accompagner au piano... suggère Annie.

— D'accord, si ça fait plaisir...»

Et, deux minutes plus tard, le violon sous le bras, le virtuose salue ses admirateurs.

Dialoguer avec l'enfant
lors d'un moment privilégié

Ce soir-là, c'est papa qui a le privilège de causer avec Jean-François au moment où ce dernier va dormir.

«C'est vrai, tu sais, que tu fais des progrès. Bientôt, tu seras *un violon sur le toit.*

— Ça fait vraiment, vraiment plaisir à grand-papa Philippe et à grand-maman Denise quand je joue? Et à grand-maman Annette?

— Tu as vu comme ils écoutaient? Comme ils avaient l'air heureux? Je pense qu'ils se disaient comme moi: "Notre Jean-Joie a bien grandi. Il fait de belles choses. Il a du talent mais il ne le garde pas pour lui seul, son talent."

— Papa...

— Oui, mon grand...

— Quand je joue du violon pour faire plaisir, quand Annie joue du piano, c'est comme si on faisait un cadeau à ceux qui écoutent, hein?

— Oui, c'est comme si vous faisiez un beau cadeau... à condition de jouer de votre mieux...»

Parler de Jésus avec l'enfant

Le papa poursuit: «Ce que nous disons, tous les deux, cela me fait penser à Jésus qui, lui aussi, utilisait ses talents pour faire plaisir...

— Quels talents, papa?

— Tu en connais, des talents de Jésus?

— Il travaillait le bois avec son papa. Il devait faire de jolies choses, hein papa?

— Oui, il devait bien aider Joseph à faire des meubles...

— Peut-être aussi qu'il se servait des petits morceaux de bois qui restaient pour faire de jolies surprises à sa maman, à ses amis?...

— Oui, Jean-François, Jésus devait se servir de son talent de bricoleur pour faire plaisir aux autres... Maintenant, il faut dormir. Veux-tu parler à Jésus avec moi, avant?»

Parler à Jésus avec l'enfant

Et l'enfant propose: «Ce soir je jouerai un morceau de violon pour Jésus et toi, tu chanteras sur l'air de *Ah, vous dirais-je, maman.*»

Alors papa chante:

Jean-François a un talent,
Jésus, je suis bien content.
Aide-le pour qu'il partage
Et qu'il soit encore plus sage.
Jésus, je suis bien content
D'avoir un si bon enfant.

Puis, Jean-Joie s'endort heureux en rêvant qu'il est... *un violon sur le toit.*

Pourquoi on donne des cadeaux à tout le monde, quand c'est Noël?

C'est l'étonnement de l'enfant choyé
qui commence à percevoir le sens du cadeau.

Il est bon de saisir l'occasion pour initier l'enfant
au partage avec les plus démunis.

Accueillir la question de l'enfant

Ce jour-là, Nadine et Patrick, deux jumeaux de cinq ans, feuillettent un catalogue de jouets.

«Moi, je veux cette poupée, puis celle-là et encore celle-là, puis cette autre... Je veux cette maison de poupée, cet ourson, ce jeu de construction, cette ferme, ce...

— Arrête, Nadine! Tu veux tout. Moi aussi, je veux cette ferme, et ce train, et ces petits avions, et ce casse-tête, et ce bateau, et...

— Oh, la, la, dit maman, vous voulez tout, je pense!

— Oui, tout le sac du Père Noël. Tout, tout, tout!

— Bien sûr, vous voulez tout. Mais vous n'aurez pas tout.

— Pourquoi on n'aura pas tout, maman?

— Parce que papa et moi, nous n'avons pas les sous pour tout vous donner. Et parce qu'il faut garder dans votre cœur de la place pour continuer à désirer des choses.»

Nadine et Patrick ont peine à comprendre tout cela, mais une question trotte dans la tête des jumeaux depuis longtemps: «Maman, dis-moi, pourquoi on donne des cadeaux à tout le monde quand c'est Noël? demande Patrick.

— C'est pour faire plaisir, hein, maman? continue Nadine.

— Est-ce que c'est vrai, maman qu'il y a des enfants qui n'en recevront pas de cadeaux?

— Vous en avez des questions, vous deux. Si vous voulez, nous allons prendre ensemble un bon verre de lait et nous allons essayer de répondre à tout cela.»

Dialoguer avec l'enfant
lors d'un moment privilégié

En prenant une légère collation avec les enfants, maman reprend la conversation: «Comme ça, Patrick, tu te demandes pourquoi on offre des cadeaux à Noël.

— Nadine dit que c'est pour faire plaisir. Mais pourquoi à Noël?

— C'est la fête de qui, à Noël?

— De Jésus, disent d'une seule voix les deux enfants.

— Eh oui! Et Jésus, c'est un vrai cadeau! Il est venu pour apporter de la joie à tout le monde.

— Ah, maman, c'est pour faire comme Jésus, pour donner de la joie à tout le monde qu'on fait des cadeaux?

— C'est cela, Nadine.

— Alors, pourquoi y a-t-il des gens qui ne reçoivent pas de cadeaux à Noël? demande Patrick le cœur presque gros...

— Tu vois, il faut des sous pour acheter des cadeaux. Il y a des papas et des mamans qui ne travaillent pas, qui sont en chômage: alors ils n'ont pas le moyen d'acheter des cadeaux.

— Ce n'est pas juste», dit Nadine d'une voix ferme.

Et maman suggère: «Peut-être que nous pourrions faire quelque chose pour que ce soit plus juste?»

Parler de Jésus avec l'enfant

Et maman continue: «Quand Jésus est venu sur la terre, il a dit: *Si vous êtes mes amis, vous allez vous aimer les uns les autres.* (D'après *Jn* 13,35)

    — Moi, maman, je t'aime comme Jésus, dit Patrick.

    — Je le sais que tu m'aimes. Moi aussi, je t'aime. Mais si toi, Nadine, papa et moi, nous cherchions ensemble, nous trouverions peut-être un moyen de dire à quelqu'un qui n'a pas de cadeaux que c'est Noël pour lui aussi...»

    C'est ainsi que toute la famille décide de préparer un petit cadeau pour une famille éprouvée du voisinage.

Parler à Jésus avec l'enfant

Ce soir-là, la famille réunie prie ainsi:

Jésus, à Noël, c'est ta fête.
Pour te faire plaisir,
nous voulons partager
avec ceux qui ont de la peine.
Aide-nous à faire comme toi
pour rendre les autres heureux.

Mets de la joie dans le cœur des papas
et des mamans
qui n'ont pas d'argent.
Mets du bonheur dans le cœur de tous les enfants.
Aide-nous à être bons comme Toi.

Pourquoi les papas et les mamans, ça pardonne toujours?

Question de l'enfant qui fait l'expérience du pardon reçu.

Occasion à ne pas manquer pour favoriser l'apprentissage fondamental de la relation du pécheur à un Dieu Père qui pardonne toujours.

Accueillir la question de l'enfant

Ariane et Karine ont respectivement cinq et six ans. Elles sont les aînées de Nicolas et de Roxanne, âgés l'un de deux ans, l'autre de quelques mois.

Un jour qu'Ariane et Karine s'amusent fort bien ensemble, Nicolas vient, à plusieurs reprises, les importuner. À bout de patience, Karine prend l'initiative non seulement de chasser son frère mais de le taper.

Maman n'est pas très heureuse. Elle tente de faire comprendre à Karine que ce n'est pas la façon de procéder.

Karine, n'aimant pas qu'on la prenne en défaut, décide de faire mille et un mauvais tours qui peuvent bien mettre maman en colère. Elle réussit même à convaincre Ariane d'être, elle aussi, un peu trop turbulente.

Maman doit sévir. Elle demande aux deux sœurettes de se retirer dans leur chambre pour réfléchir et se calmer. Karine, en entrant dans sa chambre, crie à l'intention de sa mère: «Je ne t'aime plus!»

Puis elle claque la porte et boude...

Quelques instants plus tard, maman frappe doucement puis dit à Karine: «Tu sais, Karine, moi je t'aime quand même...»

Surprise, Karine cesse sa bouderie puis, se jetant dans les bras de sa mère, demande: «Maman, dis-moi, pourquoi les papas et les mamans, ça pardonne toujours?»

Mais avant même que maman puisse répondre, Roxanne

crie de toutes ses forces parce que Nicolas lui ravit son biberon. Et maman doit couper court à la conversation.

Dialoguer avec l'enfant
lors d'un moment privilégié

Le soir, quand Roxanne et Nicolas sont déjà au lit, Karine et Ariane ont le privilège de causer avec leurs parents. C'est le moment de susciter à nouveau la question de Karine.

C'est alors que papa demande: «À toi, Karine, est-ce qu'il t'est déjà arrivé de pardonner?

— Bien... euh...

— Moi, dit Ariane, j'ai pardonné à Nicolas qui défaisait mes jeux...

— Moi aussi, j'ai pardonné à Jessica; elle m'a dit, hier: "Je ne suis plus ton amie." Puis ce matin, je lui ai demandé: "Veux-tu être encore mon amie?" Puis, on a fait la paix. Mais si elle recommence!...

— Quand on pardonne, on pardonne pour vrai, Karine, dit maman.

— Pourquoi as-tu pardonné à Jessica? Et toi, Ariane, pourquoi as-tu pardonné à Nicolas?

— Bien! parce que je l'aime, disent à l'unisson deux petites voix.

— Alors, les papas et les mamans, ça pardonne toujours parce qu'ils aiment leurs enfants?... C'est ça, hein, papa? C'est ça, hein, maman?»

Et le sourire de même que les caresses des parents se font approbateurs.

Parler de Jésus avec l'enfant

Papa raconte alors à ses deux filles la belle histoire que Jésus racontait pour faire comprendre que lorsqu'on aime on pardonne toujours: *Un jour, un berger avait beaucoup de moutons. Le petit mouton qu'il aimait le plus faisait la mauvaise tête. Il se sauvait toujours. Une fois, ce petit mouton s'est perdu. Le berger le chercha partout et longtemps. Il était bien fatigué, le berger. Tout à coup, il trouva son petit mouton blessé dans les épines. Il le prit dans ses bras, le soigna, le caressa. Déjà le berger avait pardonné parce qu'il aimait bien son mouton.* (D'après *Lc* 15,3-10)

Parler à Jésus avec l'enfant

Après avoir réagi à cette parabole, les enfants et les parents peuvent prier:

*Jésus, tu pardonnes toujours
parce que tu nous aimes.
Merci, Jésus.
Aide-nous à toujours pardonner.
Rends-nous capables de recevoir ton pardon.*

Pourquoi on est dans la joie?

C'est la remarque de l'enfant qui se rend compte
de la diversité des sentiments en lui et chez les autres.

Quelle belle occasion d'apprendre à l'enfant que la vraie joie vient
du Seigneur, qu'elle n'est pas toute faite mais toujours à faire!

Accueillir la question de l'enfant

Maman donne un bain à Samuel qui lui fait des sourires et essaie déjà de parler. Amélie, la grande sœur, essaie d'aider maman qui, tout à coup, dit à Samuel: «Tu nous en fais des sourires, Samuel... tu nous en fais des joies...

— Maman, dis-moi, interroge Amélie, pourquoi on est dans la joie?...»

Maman regarde sa grande fille et lui propose: «Tu veux bien, nous allons faire ensemble un jeu? le jeu de la joie?...

— Le jeu de la joie?

— Oui, je vais nommer une personne et tu me diras quelle joie peut avoir cette personne... Ensuite, tu choisiras une personne et moi, je te dirai ce qui lui donne de la joie...

— Oh oui, commence, maman!...

— Je nomme... «papa»...

— Papa?... euh... il est dans la joie quand il revient du travail et qu'il nous fait sauter sur ses genoux...

— C'est ça!... à ton tour!...

— Je nomme... «Bérangère»...

— Tante Bérangère à la garderie?... euh... c'est quand elle te voit arriver et t'amuser avec les autres bien gentiment...

— Voilà!... c'est toi qui nommes quelqu'un...

— Je nomme... «Amélie»...

— Amélie moi? Moi, j'ai de la joie souvent, souvent:

quand c'est samedi et que tu es avec moi toute la journée...
quand le dentiste dit: "Tu n'as pas de carie..." quand je fais
un beau dessin et que tu le mets sur le mur... quand on va
en promenade... quand on joue dans la neige... quand tu me
prêtes ton beau catalogue... quand je t'aide avec papa à faire
le ménage... quand, tous ensemble, on écoute de la musique... quand...

— Oh! que tu en as des joies! Moi, j'ai de la joie quand
j'ai réussi un beau gâteau, une belle peinture... quand...»

Mais maman qui attache le dernier bouton à l'habit de
Samuel se rend bien compte que sa grande Amélie est déjà
rendue dehors... Elle l'entend crier: «Maman, je vais montrer le jeu de la joie à Julie...»

Dialoguer avec l'enfant
lors d'un moment privilégié

Quand elle se retrouve seule avec Amélie, sa maman lui dit:
«Tu sais, Amélie, j'ai bien aimé faire le jeu de la joie avec
toi.»

Puis, continuant le dialogue avec l'enfant, elle l'amène
à saisir que la joie vient souvent
   • quand on réussit quelque chose de difficile;
   • quand on fait plaisir à quelqu'un;
   • quand on rencontre quelqu'un qu'on aime;
   • quand on fait quelque chose de bien avec les autres;
   • quand quelqu'un nous console;
   • quand quelqu'un nous fait une surprise agréable;
   • etc.

Parler de Jésus avec l'enfant

La mère demande à l'enfant: «Crois-tu que Jésus était dans la joie souvent?»

Elle aide l'enfant à parler des joies que Jésus avait quand il marchait dans les champs de fleurs, ou de blé; quand il aidait les pauvres, les malades, ceux qui avaient de la peine, quand il pêchait avec ses amis; quand il fêtait avec eux, quand il priait avec eux, etc.

Parler à Jésus avec l'enfant

La mère et l'enfant peuvent prier ainsi:

Jésus, mets de la joie dans nos cœurs.
Toi, tu donnes de la joie.
Aide-nous à donner de la joie aux autres.
Aide-nous à donner de la joie à...
(nommer avec l'enfant
les personnes à qui l'on pense).

NOS ENFANTS ET LES QUESTIONS DES JOURS TRISTES

Pourquoi il ne parle pas, mon petit frère?

C'est déjà la grande question de la souffrance
qui habitera toute la vie humaine.

Occasion pour l'enfant d'apprendre à porter cette interrogation,
à assumer progressivement la souffrance et à en percevoir l'au-delà.

Accueillir la question de l'enfant

Papa et maman reviennent de voir le médecin avec Jonathan. Ils ont visiblement beaucoup de chagrin.

Catherine, après un certain temps, questionne: «Papa, maman, dis-moi pourquoi il ne parle pas mon petit frère? Pourquoi il n'est pas comme les autres?»

Papa essuie une larme, prend sa grande fille sur ses genoux et lui dit: «Tu as de la peine, n'est-ce pas, parce que Jonathan ne parle pas. Moi aussi, j'ai beaucoup, beaucoup de peine. Maman aussi. Mais, tu vois, Jonathan, lui, n'a pas de peine. Il sent que nous l'aimons beaucoup. Il sait que nous comprenons sa façon à lui de communiquer avec nous.

— Tu pleures, papa?

— Oui, je pleure parce qu'aujourd'hui le médecin nous a dit que Jonathan ne parlerait jamais.

— Jamais? Même quand il sera grand comme moi? Grand comme toi?

— Non, jamais, Catherine. Maintenant, va jouer. Je vais aider maman à préparer un bon souper, puis nous reparlerons de cela un peu plus tard.»

Catherine part et s'approche de Jonathan qui manifeste sa joie de la voir en riant, en applaudissant et en tentant d'attraper sa longue chevelure blonde.

Et l'aînée, qui a déjà cinq ans, dit à son cadet qui vient d'en avoir trois: «Tu ne parles pas comme moi, mais

tu parles! Moi, je comprends tout ce que tu dis... tout...
tout...»

Et Catherine fait à Jonathan une grosse bise comme
pour lui dire: «Je t'aime de plus en plus fort.»

Dialoguer avec l'enfant
lors d'un moment privilégié

Une fois les grandes émotions maîtrisées et quand Catherine est disposée à en reparler avec ses parents, ces derniers
tentent de répondre à sa question. Pour ce faire, ils exami-
nent avec elle une plante dont une fleur ou une feuille semble infirme...

«Tu vois, Catherine, cette fleur n'est pas comme les
autres. Peux-tu nous dire pourquoi il lui manque un pétale?

— ...

— C'est difficile à comprendre. Cette fleur, elle a eu
les mêmes soins que les autres, elle a poussé dans la même
terre. Pourtant, elle est différente. Ce n'est pas la faute du
soleil, ni de l'eau, ni de la terre, ni de la plante. Ce n'est pas
notre faute non plus. Si cette fleur est infirme, c'est un
accident qu'on ne peut pas expliquer. Mais elle est belle
quand même, cette fleur. Regarde sa couleur... Respire son
parfum...

— Papa, le petit chat de Jacinthe qui a une patte différente, lui aussi il est infirme?

— Oui...

— Mais Jacinthe dit que c'est le plus gentil minet,
celui qu'elle aime le plus.

— Tu vois, il y a des fleurs infirmes, des animaux
infirmes aussi et ce n'est pas leur faute, ni la faute de

personne. Jonathan, lui aussi est infirme. Ce n'est la faute de personne. C'est un accident qui s'est produit sans qu'on sache ni pourquoi, ni comment.

— Mais, maman, moi, je trouve qu'il parle à sa manière, Jonathan. Il se fait comprendre et je peux jouer avec lui. Puis, il est beau, mon petit frère!...»

Parler de Jésus avec l'enfant

«Papa, Jésus, lui, il pourrait le faire parler Jonathan. Peut-être que c'est sa faute si Jonathan ne parle pas?

— Tu crois cela? Tu crois que c'est la faute de Jésus?

— Bien... pourtant... Jésus, il est toujours bon... c'est difficile à comprendre...

— Oui, c'est difficile. Mais moi, je suis certaine que ce n'est pas la faute de Jésus. C'est rien qu'un accident, un accident que nous ne comprenons pas ni toi, ni ton papa, ni moi.

— Tu sais, Catherine, Jésus ce n'est pas un magicien. On ne va pas exiger que Jésus fasse un miracle pour que la fleur ait un autre pétale ou que le chat de Jacinthe ait une patte "normale". On ne va pas exiger non plus que Jésus fasse parler Jonathan.

— Ce que ton papa dit là, c'est plein de bon sens. Tu sais, Catherine, Jésus aime Jonathan comme il nous aime tous et il voit tout ce qui est beau en lui. C'est Jésus qui va nous aider à trouver ce qu'il faut faire pour aider Jonathan à être le plus heureux possible. Tu comprends cela?

— Oui, je comprends... un peu...»

Et Catherine se met à chanter sur l'air de *Marie a un beau mouton*.

J'aime bien mon petit frère,
Mon petit frère, mon petit frère,
J'aime bien mon petit frère
Et c'est le plus beau.

Parler à Jésus avec l'enfant

Avec Catherine ou devant elle, les parents peuvent alors prier:

Jésus, tu sais que Jonathan ne parle pas.
Mais, toi, Jésus, tu l'aimes, Jonathan.
Tu nous aimes tous.
Aide-nous à être heureux tous ensemble.
Aide-nous à rendre Jonathan heureux.

Pourquoi Pierre-Olivier est-il noir?

Grande question des préjugés raciaux.

*Quelle bonne occasion d'ouvrir l'enfant au sens chrétien
de l'accueil inconditionnel de l'autre!*

Accueillir la question de l'enfant

Audrey, au moment de se mettre à table, raconte: «Tu sais, papa, Pierre-Olivier a eu beaucoup de peine aujourd'hui...

— Il s'est fait mal en jouant?

— Non, c'est bien pire...

— ...

— Marc-Antoine lui a dit: "Va-t-en, je ne veux plus jouer avec toi... T'es un sale nègre!..."

— Et toi, qu'as tu fait, Audrey?

— Moi, j'ai dit: "C'est pas sa faute, à Pierre-Olivier, si sa peau est noire. Il n'est pas sale." Et j'ai continué de jouer avec lui... Mais, papa, dis-moi, pourquoi Pierre-Olivier est-il noir?

— Parce que son papa et sa maman sont noirs. Il est bien gentil, Pierre-Olivier...»

Dialoguer avec l'enfant
lors d'un moment privilégié

Ce soir-là, pendant le calme qui prépare le repos de la nuit, les parents reviennent sur le fait.

«Tu l'aimes bien, Pierre-Olivier, n'est-ce pas?

— Oui, mais pourquoi il est noir?

— Papa te l'a dit au souper. Parce que son papa et sa maman sont noirs. Toi, tu es blanche parce que ton papa et ta maman sont blancs. Moi, je le trouve beau, Pierre-Olivier. Ses cheveux sont bouclés, bouclés...

— Oh oui! comme un mouton, hein, maman? Et ses dents sont blanches, blanches!... Moi, je suis sûre qu'il n'est pas sale...

— Mais non, il n'est pas sale. Et tu as bien fait de jouer avec lui. Vous faites une belle paire d'amis, tous les deux!

— Maman, est-ce qu'il peut venir jouer dans le sous-sol avec moi, Pierre-Olivier?

— Bien sûr! Amène-le quand tu veux, comme Marc-Antoine, comme Stéphanie...

— Bien, Marc-Antoine, lui, il ne veut pas jouer avec Pierre-Olivier...

— Marc-Antoine va réfléchir. Il va changer d'idée. Il va se rendre compte qu'il s'est trompé. Toi, continue à être gentille avec tous tes amis.»

C'est alors que papa reprend: «Tu sais, Audrey, je suis fier de toi. C'est beau ce que tu as fait aujourd'hui. Je pense que Jésus doit être bien content lui aussi.»

Parler de Jésus avec l'enfant

«Ça c'est vrai, continue maman. Jésus, lui, ça ne lui fait rien la couleur de la peau. Il aime tout le monde. C'est le cœur qu'il regarde.

— Le cœur? Comment il fait?

— Il regarde si on aime les autres, si on les accueille pour parler, pour jouer, pour partager avec eux...

— Il a vu que j'ai prêté mes jeux à Pierre-Olivier?

— Oui. C'est Jésus qui ouvre ton cœur pour que tu aimes Pierre-Olivier comme tu aimes Marc-Antoine et Stéphanie...

— Il a vu Marc-Antoine qui fermait son cœur?

— Oui, il a vu que Marc-Antoine s'est trompé. Il va l'aider à ouvrir son cœur. Tu verras, je suis sûre que demain Marc-Antoine va jouer avec toi et Pierre-Olivier... Tu les inviteras tous les deux, avec Stéphanie, à venir prendre une collation.

— Oh, maman! Tu es comme le Seigneur Jésus, tu ouvres ton cœur à tout le monde!...»

Parler à Jésus avec l'enfant

«Maintenant, dit papa, c'est l'heure d'aller dormir. Nous disons bonsoir à Jésus?...»

Seigneur Jésus,
toi, tu aimes tout le monde.
Merci de mettre dans notre cœur
de l'amour pour les autres.

Seigneur Jésus,
console Pierre-Olivier qui est si gentil.

Ouvre le cœur de Marc-Antoine
pour qu'il aime tous les autres
comme toi, Jésus.

Pourquoi Félix a une bicyclette et pas moi?

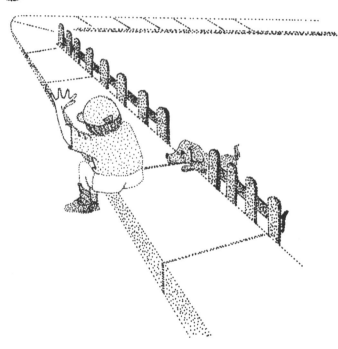

C'est la question de l'enfant qui commence
à percevoir les inégalités sociales.

Comment ne pas saisir l'occasion de faire comprendre
à l'enfant qu'il ne peut être heureux s'il envie les autres?

Accueillir la question de l'enfant

«Papa, papa, crie Alexandre en entrant en coup de vent, viens voir, viens vite, vite!»

Croyant à un désastre, le père, qui est en chômage depuis déjà trois mois, se précipite à la porte.

«Regarde, papa, Félix a eu une bicyclette... Elle est belle hein, papa? Moi aussi, j'en veux une bicyclette!

— Ah oui, elle est bien belle la bicyclette de Félix», dit le papa d'Alexandre en s'efforçant de sourire...

Puis il rentre et continue à préparer le repas du soir.

Bientôt, maman rentre de son travail. Elle a réussi à trouver un emploi de vendeuse dans un magasin à rayons depuis que papa n'a plus de travail. Pour assurer la survie de la famille de quatre enfants, il faut calculer... et se refuser tout luxe...

On se met à table. Et Alexandre demande: «J'en aurai une bicyclette, pour mon anniversaire? Une belle comme celle de Félix?

— Mais tu n'aimes plus la trottinette que nous avons fabriquée, toi et moi?

— Oui, je l'aime! Mais j'aime mieux une bicyclette. Oh, s'il te plaît, papa, dis oui.

— J'aimerais bien cela, Alexandre, t'acheter une bicyclette, mais pour le moment, nous n'avons pas les moyens de te l'offrir.

— C'est pas juste! Félix, lui, il en a une bicyclette et pas moi. Maman, dis-moi, pourquoi Félix a une bicyclette et pas moi?

— Je comprends, mon grand, que tu veuilles une bicyclette. Nous en reparlerons après le souper. Pour le moment, c'est l'heure du bon dessert que papa a fait.»

Dialoguer avec l'enfant
lors d'un moment privilégié

Après le repas, l'enfant revient à la charge. Les parents prennent alors le temps de bien l'écouter. Ils lui font comprendre ensuite qu'il leur est impossible d'investir actuellement dans l'achat d'une bicyclette parce que

- des besoins plus urgents se présentent: il leur faut payer le loyer, acheter de la nourriture, défrayer le coût des médicaments...
- papa ne trouve pas de travail depuis que l'usine qui l'embauchait a fermé ses portes...
- le salaire de maman n'est pas assez élevé...

Ils lui expliquent que tous les membres de la famille doivent renoncer à certains projets:

- papa et maman vont porter encore les manteaux de l'année dernière...
- Élodie ne pourra pas commencer à apprendre le violon...
- on ne pourra pas remplacer les skis de Geneviève déjà un peu courts pour elle...
- Yannick devra se contenter de porter les patins de son cousin...

«Mais, maman, pourquoi chez Félix, c'est pas pareil? C'est pas juste!»

Patiemment, maman reprend: «Moi aussi, parfois, je suis portée à croire que ce n'est pas juste que Félix qui est seul chez lui ait un papa qui travaille alors qu'ici vous êtes quatre enfants et que papa ne réussisse pas à trouver un emploi. Mais quand j'y pense comme il faut, nous avons ensemble d'autres plaisirs que Félix n'a pas.

— C'est vrai ce que dit maman, continue papa. Quand nous faisons des jeux ensemble, quand nous partons pique-niquer tous les six, quand nous chantons tous les six, ce sont de belles joies, n'est-ce pas?

— Tu sais, Alexandre, c'est toujours comme cela dans la vie. Tout le monde n'est pas également riche. Nous, nous ne sommes pas riches mais nous avons quand même bien de la chance d'être heureux ensemble, de nous aimer...»

Parler de Jésus avec l'enfant

Les parents continuent: «Pour nous aussi, c'est difficile de ne pas avoir tout ce que nous voulons. Mais il y a quelqu'un qui nous aide à être heureux quand même...

— C'est... Jésus?...

— Oui, c'est Jésus qui voulait rendre tout le monde heureux. Il aimait bien les pauvres, tu sais. Un jour, il a dit: *Heureux ceux qui sont pauvres: Dieu notre Père les accueillera dans sa maison.* (D'après *Lc* 6,20)

— Si tu veux, nous allons demander à Jésus de nous aider à être heureux.»

Parler à Jésus avec l'enfant

Jésus, Alexandre a de la peine.
Il voulait une bicyclette.
Mais nous ne pouvons pas la lui offrir.
Rends-le capable de trouver d'autres moyens
d'être heureux.

Donne-nous du courage
pour accepter de ne pas être riches.

Pourquoi tante Sylvie-Anne
ne m'aime plus?

Fabrice a été puni injustement. Sa question est porteuse d'angoisse et de déception devant l'erreur de l'adulte en qui il avait toute confiance.

L'occasion peut être saisie d'apprendre à l'enfant que l'adulte n'est pas infaillible.

Accueillir la question de l'enfant

Au retour de la garderie, Fabrice a le cœur gros. Il raconte à maman que tante Sylvie-Anne, la jardinière, l'a puni.

«Et c'était pas ma faute, à part ça! Maman, dis-moi, pourquoi elle ne m'aime plus, tante Sylvie-Anne?

— Tu crois que tante Sylvie-Anne ne t'aime plus? Elle ne t'a pas fait la bise quand tu as quitté la garderie?

— Bien... elle a voulu me la faire, mais moi, je n'ai pas voulu...

— Ah! pourquoi?

— Parce qu'elle m'a puni pour rien. Elle n'a pas voulu que je découpe une belle fleur avec les ciseaux à bouts ronds...

— Et pourquoi n'a-t-elle pas voulu? Tu avais fait quelque chose de mal?

— Non, maman. C'est Dominique qui a fait le mauvais coup. Elle n'est pas gentille, Dominique. Elle a coupé une couette de cheveux à Marie-Odile. Puis Marie-Odile a pleuré, puis elle a dit à tante Sylvie-Anne que c'était moi.

— Tu es certain que ce n'était pas toi?

— Certain, certain, maman! Je l'ai vue, Dominique, qui coupait les cheveux de Marie-Odile.

— Et tu ne l'as pas dit à tante Sylvie-Anne?

— Bien non! Je ne voulais pas "porter un paquet", comme tu dis...

— Je comprends que tu aies de la peine. Mais je suis certaine que tante Sylvie-Anne t'aime quand même. C'est pour cela qu'elle voulait te faire la bise avant ton départ.»

Mais déjà Fabrice quitte sa maman pour retrouver son amie Michèle.

Dialoguer avec l'enfant
lors d'un moment privilégié

Un peu plus tard, maman, étant seule avec son fils, remet le sujet sur le tapis: «Fabrice, j'ai bien pensé à ce que tu m'as raconté au sujet des cheveux de Marie-Odile. Je pense que, demain, tu devrais dire à tante Sylvie-Anne que ce n'est pas toi le coupable...

— Je vais "porter un paquet»?

— Non. Faire la vérité, ce n'est pas "porter un paquet"... et je pense que Marie-Odile et tante Sylvie-Anne ont le droit de savoir que tu n'es pas coupable.»

Parler de Jésus avec l'enfant

«Notre ami Jésus, lui, continue maman, il aime la vérité...

— Jésus, lui, il le sait, hein maman, que ce n'est pas moi qui ai coupé les cheveux de Marie-Odile?

— Oui, Jésus le sait. Il sait aussi que tante Sylvie-Anne a fait une erreur. Il sait que tante Sylvie-Anne continue à t'aimer... Mais tante Sylvie-Anne, elle, peut se tromper... comme tout le monde. Comme toi, comme papa, comme moi... Les grandes personnes peuvent se tromper comme les enfants. Tout le monde peut faire des erreurs.

— Jésus, lui, est-ce qu'il se trompe aussi?

— Non, Jésus, lui, ne se trompe pas. Il est dans le vrai. Il est dans la lumière. Un jour Jésus a dit: *C'est moi la lumière du monde.* (D'après *Jn* 8,12) C'est pour cela que Jésus nous aide à voir comment agir si on veut lui ressembler.

— Je comprends...

— Moi, Fabrice, je pense que Jésus est bien content de toi. Il doit se dire: "Fabrice a fait son possible aujourd'hui. Il a souffert dans son cœur. Fabrice me ressemble..."

— Jésus, il a souffert, lui?

— Oui, Jésus a beaucoup souffert. Il y a des gens qui l'accusaient pour rien.

— Pour rien?

— Oui. Et cela faisait beaucoup de peine à Jésus. Mais Jésus continuait d'aimer quand même ceux qui lui causaient du chagrin.

— Moi, je l'aime encore tante Sylvie-Anne. Marie-Odile aussi, je l'aime. Mais Dominique, elle, qui fait ses mauvais coups en cachette!...

— Jésus aime Dominique aussi. Il peut t'aider à l'aimer... Nous allons lui demander de mettre dans ton cœur de l'amour pour Dominique. Tu veux?...

Parler à Jésus avec l'enfant

Fabrice se recueille avec sa maman et dit après elle:

Jésus, mets de l'amour dans mon cœur
pour tout le monde,
pour tante Sylvie-Anne, pour Marie-Odile,
pour Dominique...

Aide-moi à rester dans la lumière...

Garde mon cœur dans la joie...

Pourquoi, moi, je n'ai pas de papa?

La question de l'enfant dont le père a quitté le foyer
peut être posée avec plus ou moins d'agressivité.

L'occasion peut être saisie de permettre à l'enfant
d'exprimer ses besoins non satisfaits et de se rendre
compte qu'il vit dans une vraie famille.

Accueillir la question de l'enfant

Bénédicte, prenant sa maman par le cou et la serrant très, très fort lui demande: «Maman, dis-moi, pourquoi je n'ai pas de papa, moi?»

Maman berce Bénédicte. Puis, après un moment de silence, elle lui répond par une autre question: «Il te manque, ton papa, ma chérie? Tu voudrais avoir un papa comme celui de Mylène et de Ganaël, n'est-ce pas?

— Oui. Mylène et Ganaël ont un papa chouette qui fait mille et une prouesses pour leur jouer des tours. C'est amusant!... Moi, je n'ai même pas de papa...»

Dialoguer avec l'enfant
lors d'un moment privilégié

Alors, maman se décide de raconter: «Eh bien, Bénédicte, j'ai un secret à te dire. Toi aussi, tu as un papa.

— Où il est, mon papa?

— Écoute-moi bien. Ton papa à toi, il est très loin. Très, très loin... Il est parti dans un autre pays.

— Pourquoi il est parti, mon papa?

— Ton papa, il est parti quand tu étais un tout petit bébé. Mais il t'a déjà vu, tu sais. Il t'a bercée... et même quand il est parti, il a pleuré en t'embrassant.

— Bien alors... pourquoi il est parti?...

— Il est parti parce que lui et moi, nous ne pouvions plus vivre ensemble. Toujours, nous nous disputions. Il n'était plus heureux à la maison. Moi non plus. Et toi, quand tu entendais nos querelles, tu pleurais sans comprendre ce qui se passait...

— Pourquoi, maman, tu te querellais avec papa? Qui commençait la chicane? C'était toi? C'était papa?

— Bénédicte, je ne suis pas capable de te dire lequel des deux commençait. Souvent, on se réconciliait. Puis, à nouveau, nous nous querellions. C'est pour cela que nous avons choisi de nous séparer.

— Pourquoi alors papa ne vient-il pas me voir? Moi, je ne me chicanais pas avec lui...

— Il est déjà venu te voir. Et il s'occupe encore de toi. Chaque mois, il envoie des sous pour acheter de la nourriture et des vêtements. Mais maintenant, il est trop loin.

— Il ne viendra plus jamais? Je ne le verrai plus?

— Peut-être qu'un jour tu le reverras. Tiens, je vais te montrer une photographie de ton papa. Veux-tu la mettre dans ta chambre?

— Oh oui! oh oui! Mon papa, est-ce qu'il en a une photo de moi?

— Tu aimerais lui en adresser une?

— Oh, oui! avec une lettre, hein, maman?

— Bien sûr! Tu vas dormir et demain, nous écrirons une lettre à ton papa. Nous lui enverrons une photo. Tu es contente?

— Ah, oui! J'ai un papa! j'ai un papa! Je vais le dire à Mylène et à Ganaël, demain.

— C'est cela, ma grande, tu leur diras. Tu vois, toi et

moi, nous nous aimons beaucoup et nous sommes une vraie famille. Ton papa aussi t'aime beaucoup.»

Parler de Jésus avec l'enfant

La maman continue: «Ce n'est pas toujours facile de n'avoir pas de papa qui demeure avec nous. C'est Jésus qui peut nous aider à être heureux quand même. Et le Père de Jésus, c'est aussi notre Père...
 — Ah, oui?
 — Oui, un jour, Jésus a dit: *Mon Père, c'est votre Père et il vous aime.* (D'après *Jn* 20,17 et 16,27)»

Parler à Jésus avec l'enfant

Et ensemble, maman et Bénédicte disent à tour de rôle:

Jésus, Bénédicte sait maintenant
qu'elle a un papa.
C'est difficile pour elle de ne pas le connaître.
Aide-la à être heureuse quand même.

Jésus, bénis mon papa.
Fais-lui comprendre que je l'aime.
Bénis ma maman aussi.

Toi, Jésus, tu nous as dit
que ton Père, c'est notre Père.
C'est un beau secret.
Merci, Seigneur Jésus.

Pourquoi il faut encore que j'aille chez papa?

C'est la question de l'enfant dont les parents vivent séparément et qui ont décidé de la garde partagée. La question peut traduire des sentiments très différents les uns des autres.

L'occasion est favorable pour démontrer à l'enfant qu'il est aimé de ses deux parents qui veulent également son bonheur.

Accueillir la question de l'enfant

Ce vendredi-là, Guillaume revient de la maternelle. Tout enjoué, il dit à sa maman: «Si tu savais comme je suis content!

— Tu es content parce que...

— Parce que Mélodie va venir jouer avec moi toute la journée demain. Tu veux, hein, maman, que Mélodie vienne jouer avec moi?

— Voyons, Guillaume, tu as oublié que, dès la fin de l'après-midi, ton papa va venir te prendre pour t'amener avec lui dans ton autre maison.»

Guillaume a le cœur gros. Et maman attend un peu avant de reprendre la conversation.

«Tu l'aimes bien Mélodie, n'est-ce pas?

— Oui. Et je ne peux même pas jouer avec elle. C'est toujours comme ça. Il faut toujours que je change de maison. Maman, dis-moi, pourquoi il faut toujours que j'aille chez papa? Pourquoi je ne peux pas rester avec toi?»

Maman laisse tout le travail qu'elle était à faire. Elle prend son grand garçon sur ses genoux et le berce un peu pour le consoler.

Dialoguer avec l'enfant
lors d'un moment privilégié

Après un moment, quand Guillaume devient plus calme, maman reprend: «Tu trouves cela difficile de partir vivre chez ton papa pour deux semaines, mon grand?

— Oui. Quand je vais chez papa, je m'ennuie de toi.

— Moi aussi, je m'ennuie de toi, tu sais.

— Ah, oui? Mais toi, c'est pas pareil. Tu restes dans ta maison. Tu ne changes pas d'amis, toi.

— C'est vrai que toi, tu ne peux pas jouer avec les mêmes amis quand tu es chez ton papa. Mais tu as d'autres amis, là-bas? Chaque fois que tu reviens, tu me parles de Julien et de Roxanne...

— C'est vrai. Mais, quand je suis avec Julien et Roxanne, je m'ennuie de Mélodie et quand je suis avec Mélodie, c'est Julien et Roxanne qui me manquent. Et puis...

— Et puis?...

— Quand je suis avec papa, je m'ennuie de toi et quand je suis avec toi, je m'ennuie de papa. Ce n'est pas drôle d'avoir deux maisons. Je n'ai jamais les jouets que je veux: ils sont toujours dans mon autre maison...»

Parler de Jésus avec l'enfant

Après un long silence, maman reprend: «Tu sais, Guillaume, je t'aime beaucoup. Ton papa aussi t'aime beaucoup. C'est pour cela que tous les deux nous voulons t'avoir avec nous. C'est pour avoir la chance de te montrer notre amour.

— Je comprends. Mais c'est difficile quand même...

— Oui, c'est difficile. Aussi, je pense qu'il y a quelqu'un qui peut nous aider à vivre cela. Quelqu'un qui voit toute la peine qu'il y a dans ton cœur.

— C'est Jésus?

— Tu as raison. C'est Jésus. Il sait bien, lui, que tu as du courage. Et il veut que tu sois heureux. Jésus a dit un jour: *Moi, je suis venu sur la terre pour que tout le monde ait de la vie plein son cœur.* (D'après *Jn* 10,10)»

Parler à Jésus avec l'enfant

Maman se recueille et dit devant Guillaume qui se recueille aussi:

Jésus, donne du courage à Guillaume.
Mets de la vie dans son cœur.
Fais qu'il soit très heureux
avec son papa pendant les jours qui viennent.

Et sur l'air de *Au clair de la lune*, Guillaume chante avec sa maman:

Quand j'ai de la peine,
Jésus, mon ami,
Dis-moi que tu m'aimes,
que tu me chéris.
Donne ta lumière
et ta force aussi.
Aide-moi à faire
la joie des amis.

Pourquoi il faut toujours pardonner?

C'est la question que pose l'enfant à qui on demande de se réconcilier après une dispute.

Répondre à cette question, c'est saisir l'occasion de présenter à l'enfant une des règles du christianisme: le pardon des offenses.

Accueillir la question de l'enfant

Sarah arrive en pleurant: «Moi, je ne l'aimerai plus jamais, Julien! Il a tout gaspillé la carte que je faisais pour papa. Moi aussi, je vais lui briser tous ses jouets.

— Bon! Que se passe-t-il encore, Sarah?» fait maman qui, dans ces situations, parvient toujours à rester calme...

Séchant ses larmes, la fillette explique: «Je faisais une carte pour papa... Avec de la gouache... Et Julien l'a toute barbouillée, par exprès! Maintenant, je n'aurai plus le temps de préparer ma surprise à papa...

— Mais oui, Sarah, nous trouverons le temps. Ton frère n'avait pas raison de faire ce qu'il a fait. Nous allons lui demander de nous aider à réparer ce gâchis. Mais toi, est-ce que tu lui pardonnes?

— Maman, dis-moi, pourquoi il faut toujours pardonner? Toi, est-ce que tu pardonnes aussi?

— Tu trouves cela difficile, n'est-ce pas, de pardonner?

— Oui, c'est très difficile... très, très!...

— Moi aussi, je trouve cela difficile, des fois. Mais cela me rend heureuse quand je pardonne.»

Et comme, penaud, Julien arrive dans la cuisine, maman lui demande: «Qu'as-tu fait de la belle carte de Sarah? Ce n'est pas gentil, ta sœur a du chagrin...»

Mais Sarah prend son frère par le cou et lui dit: «Je te pardonne. Viens m'aider à recommencer un autre dessin...»

Dialoguer avec l'enfant
lors d'un moment privilégié

Ce soir-là, quand papa arrive à table, il trouve sous son assiette une belle carte.

«Oh, comme elle est belle, Sarah!

— C'est vrai qu'elle est belle, dit maman. Mais le plus beau, tu ne le vois pas...

— Le plus beau?

— Oui! Le plus beau, c'est que, cachée dans cette carte, il y a une histoire de pardon, reprend maman.

— De pardon?

— Oui, oui, papa. Tu sais Julien a gâché ma première carte. J'étais bien fâchée. Mais, je lui ai donné mon pardon, tu sais. Puis, nous avons fait une autre carte. Ouf! Je l'ai terminée juste à temps.

— Que c'est beau de savoir pardonner! dit papa. Je vais garder cette carte et quand je la regarderai, je me dirai dans mon cœur: "Ma grande fille ressemble à Jésus; elle sait pardonner..."»

Parler de Jésus avec l'enfant

«Jésus, il donnait son pardon, lui aussi?

— Oui. Souvent, souvent!

— Raconte-moi un pardon de Jésus.

— Regarde cette croix. C'est la plus belle histoire du pardon de Jésus. Juste avant de mourir sur la croix, Jésus a dit à son Père: *Père, regarde ceux qui m'ont fait du mal; je pense que ce n'est pas tout à fait leur faute; donne-leur ton pardon...* (D'après *Mt 27,35*)

— Et le Père de Jésus a pardonné?

— Oui, Jésus et son Père pardonnent toujours parce que leur cœur est plein d'amour. Et quand on pardonne on ressemble à Jésus...

— Moi, papa, je vais toujours pardonner pour ressembler à Jésus...»

Mais le souper tire déjà à sa fin...

Parler à Jésus avec l'enfant

En guise de prière après le souper, papa dit:

Seigneur Jésus,
merci pour ce bon repas.

Merci pour les pardons
que tu nous donnes toujours.

Merci aussi, Seigneur Jésus,
parce que tu nous rends capables de pardonner.

Pourquoi ils sont morts,
mes pinsons?

C'est la question posée lors du déchirement provoqué
par la disparition d'un animal auquel l'enfant s'est attaché.

Première occasion d'apprendre à apprivoiser la mort.

Accueillir la question de l'enfant

Jusqu'à aujourd'hui, Hugues était l'heureux propriétaire de deux jolis pinsons qui, du matin au soir, égayaient la maison de leur chant nerveux. Dès qu'il sautait en bas de son lit, Hugues allait, en se frottant les yeux, leur dire bonjour.

Ce matin, il fait comme d'habitude. Mais les deux oiseaux tombés au fond de la cage ne répondent pas à ses salutations.

«Maman, maman, viens voir! Mes pinsons dorment encore. Ça, c'est rare!»

Maman trouve cela anormal. Elle s'approche et dit à Hugues: «Tes pinsons ne dorment pas, tu sais. Ce n'est pas comme cela qu'un oiseau dort. Tes pinsons... ils sont morts...

— Ils ne chanteront plus jamais?

— Non, ils sont morts... Il va falloir nous en séparer...

— Moi, je ne veux pas qu'ils meurent, mes pinsons, dit Hugues en pleurant, ils sont à moi...

— Moi non plus, Hugues, je ne suis pas contente qu'ils soient morts, tes pinsons. Je les aimais bien. Ils mettaient de la vie dans la maison. Mais nous ne pouvons rien faire. Ils sont morts.

— Maman, dis-moi, pourquoi ils sont morts, mes pinsons?

— Je ne sais pas. Peut-être qu'ils étaient très vieux?

— Grand-papa est vieux, lui, il marche avec une canne... Puis, il n'est pas mort...

— C'est vrai. Mais grand-papa aussi, il va mourir un jour. Viens voir...»

Et maman prend dans ses mains une violette africaine. Elle la montre à son fils et dit: «Regarde cette fleur séchée. Il y a quelques jours elle était belle. Puis, elle a vieilli. Elle a fini par mourir. Il faut l'arracher. Elle est morte. Nous allons la jeter.

— Mes pinsons, tu vas les jeter aussi?

— Tes pinsons, nous allons les placer dans une boîte et nous allons les enterrer...

— Les quoi?

— Les enterrer... Les mettre dans la terre. Tu veux m'aider?... Un peu plus tard, nous achèterons d'autres pinsons ou un serin ou une perruche, tu verras...»

Et la mère et le fils procèdent à l'enterrement en continuant à causer.

Dialoguer avec l'enfant
lors d'un moment privilégié

Le soir, au moment où Hugues fait un retour sur sa journée avec sa maman, celle-ci lui demande: «Tu as eu un gros chagrin aujourd'hui?

— Oui, mes pinsons sont morts. Je ne comprends pas pourquoi ils sont morts mes pinsons.

— Tu les aimais beaucoup, n'est-ce pas?

— Je m'ennuie d'eux. Ils remuaient tout le temps; ils chantaient; ils étaient beaux... Maman, est-ce qu'ils ont froid dans la terre? est-ce qu'ils ont peur?

— Mais non, mon grand. Tes pinsons, ils n'ont pas froid... ils n'ont pas peur... ils ne sentent rien. Quand les animaux sont morts, ils ne souffrent pas, tu sais...

— Ah, bon!...

— Et toi, tu peux continuer à penser à tes pinsons, aux joies qu'ils te donnaient. Ce sont de beaux souvenirs...»

Parler de Jésus avec l'enfant

La maman continue: «Si tu veux, nous allons demander à Jésus de t'aider à ne pas rester dans la tristesse. Jésus le sait que tu as de la peine.

— Il le sait, Jésus, que mes pinsons sont morts?...

— Oui, Jésus le sait. Il sait surtout que tu es un gentil garçon qui va continuer d'être heureux...»

Parler à Jésus avec l'enfant

«Veux-tu parler à Jésus avec moi? Dis avec moi:

Jésus, c'est triste la mort de mes pinsons.
Aide-moi à être joyeux quand même.

Pourquoi grand-maman n'est plus avec nous?

Voilà la question de l'enfant qui doit affronter la réalité de la mort.

Les occasions d'entrer dans ce mystère sont nombreuses.
Celle de la mort d'un être cher est privilégiée pour apprendre
à l'enfant que nous ne resterons pas dans la mort.

Accueillir la question de l'enfant

Jean-Noël n'a pas souvent vu ses parents pleurer. Pourtant, aujourd'hui, alors qu'ils reviennent du cimetière, l'enfant réalise leur grande tristesse. Il ne sait plus que faire, n'ose pas s'amuser et tourne autour de papa et maman. Jusqu'à ce qu'il se décide à demander: «Grand-maman, on ne la verra plus? Elle ne viendra plus? Pourquoi n'est-elle plus avec nous? Papa, maman, dis-moi pourquoi elle est morte, grand-mère?»

Papa surmonte son chagrin pour dire: «Toi, tu ressembles beaucoup à grand-mère... tu as hérité de ses grands yeux... C'est triste que grand-maman ne soit plus avec nous. Nous l'aimions tellement...»

Dialoguer avec l'enfant
lors d'un moment privilégié

Comme le moment semble bien choisi, les parents continuent à échanger avec l'enfant: «Maintenant, grand-mère nous a quittés...

— Pourquoi, papa? Elle était bien avec nous ta maman... Elle ne nous aimait plus?

— Mais non, tu sais fort bien, Jean-Noël, que grand-maman nous aimait beaucoup... Mais elle était très malade. Les médecins n'ont pas pu la guérir. Son cœur s'est arrêté.

— Quand le cœur s'arrête, on meurt?

— Oui, quand le cœur s'arrête, on meurt.

— Tu vas mourir toi aussi, maman? Toi aussi, papa?...»
Papa prend son fils sur ses genoux, caresse doucement
ses cheveux: «Oui, un jour nous allons mourir, nous aussi...

— Moi, est-ce que je vais mourir aussi?

— Oui, toi aussi, tu vas mourir. Tout le monde va
mourir, un jour...

— Quand est-ce que je vais mourir?

— Ça, on ne le sait pas. Personne ne sait quand il va
mourir. La plupart du temps, on meurt quand on est vieux.
Mais parfois, on meurt quand on est plus jeune.

— Moi, je ne veux pas mourir. J'ai peur.»

Parler de Jésus avec l'enfant

«Il ne faut pas avoir peur. Tu vois, grand-maman n'avait pas
peur de mourir.

— Pourquoi elle n'avait pas peur de mourir, grand-
maman?

— Grand-maman aimait beaucoup le Seigneur Jésus.
Et quand on meurt, on s'en va trouver le Seigneur Jésus,
pour vivre avec lui...

— Grand-maman, elle est morte ou elle vit? Moi, je
ne comprends plus...

— Écoute, dit papa, tu aimes bien le Seigneur Jésus,
n'est-ce pas? Eh bien, le Seigneur Jésus nous a révélé un
beau secret. Il nous a dit: *Je ne vous laisserai pas dans la mort.
Vous serez bien vivants avec moi, pour toujours.*

— Tu le savais, toi, maman, ce secret de Jésus?

— Oui et c'est pour cela que je crois que grand-maman, dont on a mis le corps en terre, est bien vivante avec le Seigneur Jésus. Elle est vivante autrement. Elle continue de nous aimer.

— Oui, Jean-Noël, tu te souviens de grand-maman, dans son cercueil? Tu te rappelles les belles fleurs qu'on lui offrait? C'est une façon de dire: "Grand-maman, nous savons que nous ne te verrons plus, nous savons que nous mettrons ton corps dans la terre parce que tu es morte; mais, en même temps, nous savons que tu es bien vivante avec notre ami Jésus."

— Jean-Noël, si tu le veux, demain, nous reparlerons de grand-maman. Nous irons porter des fleurs au cimetière où on a déposé son corps. Puis nous ferons une belle prière à Jésus. En attendant, même si nous avons de la peine, nous savons bien que nous sommes chanceux d'avoir eu grand-maman avec nous pendant longtemps. Et nous allons essayer d'être joyeux parce que grand-maman veut que nous soyons dans la joie.»

Parler à Jésus avec l'enfant

Au cimetière, on pourra dire:

Seigneur Jésus, grand-maman est bien vivante
pour toujours avec toi.
Nous le croyons très fort
parce que c'est toi qui nous as dit:
«Je ne vous laisserai pas dans la mort.»

Aide-nous, Jésus, à croire en ta Parole.
Et merci pour la vie que tu as donnée
à grand-maman.

NOS ENFANTS
ET LES QUESTIONS DE LA FOI

Pourquoi elle est grande comme ça, la maison de Jésus?

Question posée par l'enfant qui, lors d'une promenade printanière, entre à l'église avec son papa.

C'est l'occasion entre toutes de développer le sens du sacré et de répondre à plusieurs interrogations de l'enfant.

Accueillir la question de l'enfant

Un bel après-midi de printemps! Papa décide d'inviter Mathieu à faire une promenade avec lui. On regarde la vie qui bourgeonne, on admire les tulipes qui commencent à sortir de terre.

Au hasard de leur vagabondage, papa et Mathieu arrivent devant la belle église paroissiale. Mathieu lance: «Ça, c'est la maison de Jésus!

— Oui, c'est l'église. Tu veux qu'on y entre?»

Et voilà que dans le silence impressionnant du temple, papa se met à genoux, pendant que Mathieu se rend jusqu'en avant, touche les bancs, regarde les statues, les lampions, s'assied sur les marches devant le maître-autel, puis revient trouver son père.

«Papa, dis-moi, pourquoi elle est grande comme ça, la maison de Jésus?

— Tu la trouves grande? et belle?

— Oui, mais où est-il, Jésus? C'est lui, sur la grande croix?»

Dialoguer avec l'enfant
lors d'un moment privilégié

Le moment est propice. Papa peut répondre à mille et une questions...

«Non, Mathieu, ce n'est pas Jésus. C'est une représentation de Jésus. C'est comme un portrait qui nous fait penser à Jésus parce que Jésus, on ne peut pas le voir.

— Pourquoi on ne peut pas le voir? Il n'est pas ici?

— Oui, il est ici. Mais on ne peut pas le voir parce que Jésus, depuis qu'il est mort, est redevenu vivant autrement. Personne ne peut le voir. Mais il est ici d'une façon bien spéciale... Viens voir...»

Parler de Jésus avec l'enfant

Et papa conduit Mathieu jusque devant le tabernacle. Indiquant la lampe du sanctuaire, il explique: «Tu vois cette lampe un peu spéciale, Elle est là pour dire que derrière le tabernacle, sur l'autel, il y a un pain que Jésus nous a donné. Ce pain, c'est Jésus lui-même...

— Le pain, c'est Jésus? Je veux le voir. On le mange?

— Tu ne peux pas le voir, parce que ce pain est si précieux qu'on le conserve dans le tabernacle. Cette petite maison, je ne peux pas l'ouvrir. Mais, le dimanche, quand je viens à la messe avec ta maman, le prêtre fait une grande prière avec tous les amis de Jésus. Ensuite, il partage ce pain avec tous ceux qui veulent le manger.

— Tu manges Jésus? Est-ce que ça lui fait mal?

— Mais non! Tu te rappelles les fois où maman et moi nous te disons: "Je t'aime tellement, Mathieu, que je te mangerais"?...

— Oui, ça veut dire: "Je t'aime fort, fort..." Mais tu ne me manges pas parce que moi, je ne peux pas être comme Jésus.

— C'est cela, toi tu ne peux pas dire comme Jésus a dit: *Ce pain, c'est moi; prenez-le et mangez-le...* (D'après *Mt* 26,26)

— Alors, ça ne lui fait pas mal à Jésus?

— Non, ça ne lui fait pas mal. Et Jésus se donne à ceux qui veulent être ses amis. Il veut que nous soyons bien avec lui... que nous soyons... en communion...

— Demain, papa, c'est dimanche?

— Oui.

— Est-ce que je peux venir avec toi et maman?

— Tu pourras venir avec nous à l'église. Mais tu ne pourras pas tout de suite manger le pain que Jésus nous donne. Tu comprends, il faut te préparer très, très bien pour faire ta première communion. Mais demain, si tu veux, tu viendras avec nous. Tu verras comment, avec le prêtre, nous prenons le repas des amis de Jésus. Puis, après, nous demanderons à Monsieur le curé de te montrer ce pain que Jésus nous donne pour rester parmi nous. Ensuite, ta maman et moi, nous commencerons à préparer avec toi la fête du repas des amis de Jésus. Et un jour, quand tu seras bien préparé, tu pourras venir avec nous et, tous ensemble, nous prendrons ce repas des amis de Jésus.

— J'ai hâte! Et, je pense que je sais pourquoi elle est grande, la maison de Jésus. C'est parce qu'il a beaucoup d'amis qui viennent manger le pain, hein, papa?

— Oui. Maintenant, nous allons dire "au revoir" à Jésus. Nous reviendrons une autre fois.»

Parler à Jésus avec l'enfant

L'enfant, aidé de son père, pourra se recueillir et dire:

Merci, Jésus, de rester avec nous.
J'ai hâte de prendre ton repas.
Je t'aime beaucoup, Jésus.
Je suis chanceux d'être ton ami.
Je veux être toujours ton ami.
Au revoir, Jésus.

Pourquoi tu parles à Dieu? Est-ce qu'il t'écoute?

Déjà la question de la pertinence de la prière!

*Elle ne peut être posée que par l'enfant
qui voit ses parents prendre une attitude priante.*

*Alors, c'est l'occasion d'initier le tout-petit au sens
de la prière et à la relation avec Dieu.*

Accueillir la question de l'enfant

Faisant promenade, un après-midi, papa et maman s'arrêtent à l'église avec Marion. Maman ferme les yeux. Papa met sa tête dans ses mains. Marion s'étonne du recueillement de ses parents. Elle n'ose pas les déranger. Mais au sortir de l'église, elle demande: «Papa, pourquoi tu cachais ta tête dans tes mains? Tu pleurais?

— Mais non, mais non, je ne pleurais pas. Je cachais ma tête dans mes mains pour mieux parler à Dieu notre Père...

— Toi, maman, pourquoi tu fermais les yeux?

— Moi aussi, je voulais prier...

— Tu voulais parler à Dieu?

— Oui, c'est bien ça, je voulais parler à Dieu...

— Papa, dis-moi, pourquoi tu parles à Dieu? Est-ce qu'il t'écoute?

— Toi? Est-ce que tu m'écoutes quand je te parle?

— Bien oui, mais c'est pas pareil... moi, je te vois. Et tu peux me dire tout ce que tu veux... dans mon oreille. Le bon Dieu, lui, est-ce qu'il en a des oreilles?»

Dialoguer avec l'enfant
lors d'un moment privilégié

«Le bon Dieu te voit lui aussi, Marion. Il nous voit tous. Il nous regarde avec amour.

— Il a des yeux?»

Papa et maman se regardent et comprennent bien la difficulté que peut avoir Marion à se représenter Dieu. Maman tente d'expliquer: «Le bon Dieu, personne ne l'a jamais vu. Nous ne pouvons pas le voir, maintenant. Mais nous savons que même s'il n'a pas d'oreilles, il entend tout; même s'il n'a pas d'yeux, il voit tout.

— Oui, Marion. Et je pense que je sais un peu pourquoi c'est comme ça.

— Dis vite, papa...

— Je vais t'expliquer. Quand toi, tu me parles, je t'écoute avec mes oreilles, mais je t'écoute surtout avec mon amour. Quand je te regarde, je te vois avec mes yeux, mais je te vois surtout avec mon amour. Le bon Dieu lui, il a tellement, tellement d'amour pour nous qu'il n'a pas besoin d'yeux pour nous voir, ni d'oreilles pour nous entendre.

— Ah! Il aime beaucoup, le bon Dieu?

— Oui, Marion. Il aime tellement qu'on peut chanter: "Dieu est amour, Dieu est lumière, Dieu notre Père..."

— Je veux l'apprendre ce chant-là...

— Bien sûr... nous le chanterons ensemble quand nous ferons notre prière, ce soir...»

Parler de Jésus avec l'enfant

Et sur le chemin du retour, l'enfant s'éloigne un peu, cueille quelques fleurs qu'elle vient offrir à ses parents...

«Nous sommes chanceux, hein, papa?

— Pourquoi?

— Parce que le bon Dieu nous écoute et qu'il nous aime...

— Oui, nous sommes chanceux...

— Comment il se fait, maman, que nous sommes sûrs que Dieu nous aime?

— Parce que Jésus l'a dit à ses amis. Jésus a dit: *Demandez ce que vous voulez à Dieu votre Père. Si c'est bon pour vous, Dieu votre Père vous l'accordera pour que vous soyez dans la joie.* (D'après *Jn* 16,24)

— Jésus, lui, est-ce qu'il parlait à Dieu? Est-ce qu'il priait?

— Oui, Jésus priait souvent, souvent. Il demandait au Père de mettre de la joie dans le cœur de tout le monde. Si tu veux, ton papa et moi nous allons t'apprendre une belle prière de Jésus...»

Parler à Dieu avec l'enfant

Ce soir-là, Marion s'émerveille devant ses parents qui prient en disant lentement:

> *Notre Père, qui es aux cieux,*
> *que ton nom soit sanctifié;*
>
> *Que ton règne vienne;*
> *que ta volonté soit faite sur la terre*
> *comme au ciel.*
>
> *Donne-nous aujourd'hui notre pain de ce jour;*

Pardonne-nous nos offenses,
comme nous pardonnons aussi
à ceux qui nous ont offensés.

Et ne nous soumets pas à la tentation,
mais délivre-nous du Mal.

Amen.

Puis, avec eux, se souvenant qu'elle redit la prière de Jésus, elle commence à la réciter.

Accueillant la promesse que ses parents lui apprendront en entier la prière du Seigneur, elle chante avec eux:

Dieu est amour, Dieu est lumière
Dieu, notre Père.

Pourquoi ce livre-là
n'est jamais avec les autres?

C'est la question de l'enfant qui remarque la Bible
et le respect dont ses parents entourent ce Livre.

Il faut faire naître l'occasion d'initier le tout-petit
à ce signe de la présence de Dieu parmi nous.

Accueillir la question de l'enfant

Ce soir-là, papa apporte une jolie rose à maman...

«Comme elle est belle! Tu es bien gentil. Merci beaucoup. Je la place tout de suite dans un vase et nous allons la déposer dans la salle de séjour, près de la Bible.»

Et maman demande à Ève d'aller porter la fleur à l'endroit voulu. La fillette obéit sur-le-champ. Puis, revenant auprès de maman, elle interroge: «Maman, dis-moi, pourquoi ce Livre-là n'est jamais avec les autres, dans la bibliothèque?

— Ce Livre-là, il a un nom. On l'appelle la Bible. Te souviens-tu d'avoir vu un livre semblable à l'église? Tu sais bien, en avant de l'église?...

— Ah, oui... et le prêtre lit dans ce Livre. Oui, oui... c'est vrai, tu me l'as montré l'autre jour. Mais le Livre à l'église est bien plus gros que notre Bible, maman.

— Oui. Tu as raison. Mais c'est parce qu'il est écrit en plus gros caractères. Notre Bible et la Bible que tu as vue à l'église contiennent les mêmes textes... La Bible, c'est un Livre que les amis de Jésus entourent de respect.»

Dialoguer avec l'enfant
lors d'un moment privilégié

Après le souper, dans la salle de séjour, Ève respire la belle rose et tourne les pages de la Bible. Papa s'approche...

«Tout doux, Ève! Ce Livre, tu peux le toucher. Mais ce n'est pas un livre comme les autres. On doit le respecter encore plus que tes livres de contes.

— Pourquoi?

— Parce que ce Livre-là, qu'on appelle la Bible, contient les secrets de Dieu notre Père.

— Oh! Il en a écrit beaucoup, des secrets, Dieu notre Père!

— Non, Ève. Ce n'est pas Dieu notre Père qui a écrit les secrets. Ce sont les personnes qui ont reçu ces secrets dans leur cœur qui les ont écrits. Elles les ont écrits pour que nous gardions, nous aussi, ces secrets dans notre cœur.

— Papa, veux-tu me lire un secret de Dieu notre Père?

— Bien sûr... Écoute.»

Et prenant respectueusement la Bible, papa lit: *Mon amour pour toi ne s'en ira jamais.* (D'après *Jér.* 31,3)

Après un moment de silence, papa reprend: «C'est un beau secret, n'est-ce pas? Une belle Parole de Dieu? Tu sais, Ève, on peut aussi appeler la Bible, le Livre de la Parole. Et le Livre de la Parole nous aide à mieux connaître Jésus.»

Parler de Jésus avec l'enfant

Maman s'approche à son tour et propose: «Veux-tu que nous lisions ensemble ce que Jésus a fait un jour pour quelqu'un qui voulait absolument le voir?»

Et devant la réponse de l'enfant, maman ouvre la Bible pour y lire, dans l'Évangile, un texte qu'elle adapte de la façon suivante:

Un jour, Jésus se promenait avec ses amis. Une grande foule le regardait passer. Un homme qui était trop petit pour le voir a décidé de grimper à un arbre. Cet homme s'appelait Zachée. Quand Jésus a vu Zachée dans l'arbre, il lui a dit: «Zachée, descends et va-t-en vite dans ta maison parce que je m'en vais demeurer avec toi.» Et Zachée a accueilli Jésus dans sa demeure. Il était dans la joie. Son cœur est devenu tout neuf. (D'après *Lc* 19,1-6)

«Il était chanceux, hein, maman, Zachée?

— Oui, il était chanceux. Nous aussi, nous sommes chanceux de connaître le Seigneur Jésus. Quand, ensemble, nous lisons le Livre de la Parole, Jésus est au milieu de nous.

— Alors, on peut lui parler?»

Parler à Jésus avec l'enfant

«Oui, nous pouvons lui parler. Que veux-tu lui dire, au Seigneur Jésus?»

Et les parents s'associent à la prière de l'enfant:

Seigneur Jésus,
nous voulons te connaître mieux.

Aide-nous à bien lire le Livre de la Parole.
Aide-nous à écouter les secrets du Père
et à les garder dans notre cœur.

Pourquoi on va à la messe?

C'est l'occasion pour les parents d'initier l'enfant à la communion ecclésiale.

Accueillir la question de l'enfant

C'est dimanche. Comme d'habitude, papa et maman se préparent. Ils vont à l'église. Tante Christiane arrive pour garder les enfants. Marie-Pierre constate: «Vous allez à l'église, encore!

— Oui, nous allons à l'église. C'est dimanche et le dimanche, les amis de Jésus qui sont assez grands vont à la messe.

— Tante Christiane, elle, c'est pas une amie de Jésus?

— Oui, tante Christiane, c'est une amie de Jésus. Elle est allée à la messe plus tôt. Tu sais, quand les cloches ont sonné la première fois, il y avait une messe à l'église.

— Papa, maman, dis-moi, pourquoi on va à la messe?

— Tu aimerais venir avec nous, n'est-ce pas?

— Oh, oui!

— Ce matin, tu ne pourras pas venir puisque tu es encore en pyjama. Mais dimanche prochain, si tu le veux, tu viendras avec nous.»

Et bras-dessus, bras-dessous, les parents de Marie-Pierre et de Jean-Bernard partent pour l'église pendant que tante Christiane aide ses neveux à faire leur toilette.

Dialoguer avec l'enfant
lors d'un moment privilégié

Au retour, papa et maman préparent le dîner. Un dîner un peu spécial. Un dîner du dimanche. Pendant ce repas où l'on cause toujours plus que d'habitude, papa amorce la conversation: «Il y avait beaucoup de monde à l'église ce matin...»

Et maman poursuit: «Moi, j'aime bien aller à la messe...

— Qu'est-ce qu'on fait à la messe, maman?

— À la messe, Jean-Bernard, on se souvient du grand amour de Jésus...

— Comme on fait quand on regarde la croix?

— Oui, Marie-Pierre. Mais c'est un peu différent...

— Comment on fait?»

Parler de Jésus avec l'enfant

«Tu vois, Marie-Pierre, à l'église, les gens s'assoient sur les bancs. Puis, le prêtre arrive. Il fait comme Jésus faisait avec ses amis quand ses amis pouvaient le voir.

— C'est cela, les enfants. Le prêtre est vêtu d'une façon particulière pour faire penser à Jésus. Il lit la Parole de Dieu. Puis tout le monde chante en pensant à Jésus.

— Et c'est tout?

— Non, Jean-Bernard, ce n'est pas tout. Le prêtre prend du pain et du vin. Il dit une prière spéciale en rappelant le dernier repas que Jésus a pris avec ses amis avant de mourir. Et alors, le pain et le vin deviennent un signe de l'amour de Jésus. Alors, le prêtre invite tout le monde à manger ce pain de vie.

— Toi, tu l'as mangé, le pain de vie?

— Oui, Marie-Pierre. Ta maman et moi nous avons mangé ce pain de vie. Nous avons communié à Jésus avec les autres et avec le prêtre. Nous avons pris le repas des amis de Jésus.

— Tu sais, Marie-Pierre, c'est Jésus qui veut que ses amis continuent à faire souvent ce repas de fête. Avant de mourir, il a dit: *Chaque fois que vous mangerez ce pain de vie que je vous donne, je serai avec vous d'une façon bien spéciale et vous communierez à moi.* (D'après *Lc* 22,17-20)

— La messe, c'est le repas de famille des amis de Jésus... Ceux qui vont à la messe sont en communion entre eux... ils sont en communion avec Jésus.

— C'est comme nous, hein, maman? Quand on parle ensemble pendant le repas, on est en communion.

— Oui, ma grande, on est en communion...»

Parler à Jésus avec l'enfant

Mais le repas s'achève et papa prie ainsi:

Seigneur Jésus,
merci pour ce bon repas pris en communion.

Merci aussi pour le pain de vie
que nous mangeons à la messe.

Aide-nous à toujours nous souvenir de toi.

Pourquoi on l'amène à l'église, bébé Camille?

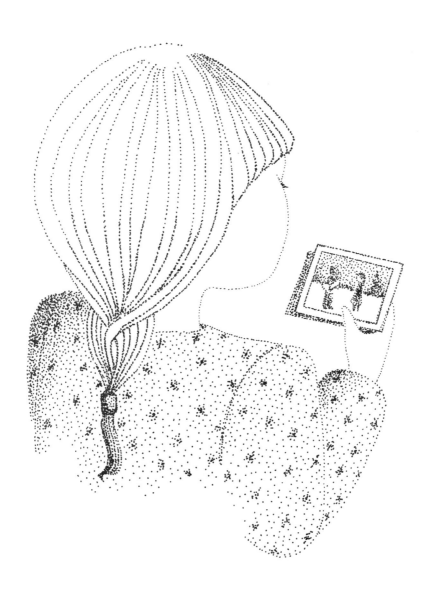

C'est la question de l'enfant qui sera témoin
du baptême d'un tout-petit.

Peut-il y avoir meilleure occasion de parler avec l'aîné
de son propre baptême?

Accueillir la question de l'enfant

En préparant la robe de baptême de bébé Camille, maman dit à Fabienne: «Demain, ce sera une grande fête. Nous amènerons ta petite sœur à l'église, pour la première fois...

— Mais elle est bien trop petite!... Maman, dis-moi, pourquoi on l'amène à l'église, bébé Camille? Peut-être qu'elle va pleurer...

— Eh, oui! peut-être qu'elle va pleurer... Toi, Fabienne, quand tu étais petite comme Camille, nous t'avons amenée aussi à l'église pour te faire baptiser...

— C'est quoi, baptiser?»

Et maman décide de retrouver les photographies du baptême de son aînée pour causer avec elle de cette grande fête...

Dialoguer avec l'enfant
lors d'un moment privilégié

«Oh, maman, s'exclame Fabienne devant les photos, c'est ma marraine ici!... et mon parrain!... le bébé, c'est moi?

— Oui, c'est ta marraine, ton parrain... et le bébé, c'est bien toi...

— Camille va porter ma robe, demain?... Il y aura beaucoup de monde? Comme sur les photos?

— Oui... Ce sera une belle fête, à l'église d'abord, puis, à la maison ensuite.

— C'est quoi baptiser, maman?

— Baptiser, c'est donner un signe de l'amour de Jésus et de Dieu notre Père.

— Comment on le fait ce signe, maman? Qui le fait?»

Parler de Jésus avec l'enfant

Reprenant les photographies, maman raconte: «Je vais te dire comment on a fait pour toi... et demain, tu verras, on fera la même chose pour Camille. Écoute bien.

«Quand nous t'avons fait baptiser, ton papa et moi t'avons amenée à l'église. Ton parrain et ta marraine sont venus aussi. Tes grands-parents, tes oncles, tes tantes nous ont accompagnés. Et quand nous sommes arrivés à l'église, Monsieur le curé est venu nous accueillir... Il a dit à peu près ceci: "Je suis bien content d'accueillir Fabienne dans la grande famille des amis de Jésus."

«Et pour bien montrer que Jésus était ton ami et qu'il le resterait toujours, il a fait sur ton front un signe qui nous rappelle le grand amour de Jésus. Ce signe, tu le connais?

— C'est... une petite croix?... comme papa fait sur mon front des fois?...

— Oui, le prêtre a fait une petite croix sur ton front et nous tous, nous avons fait comme lui. Moi, quand j'ai fait la croix sur ton front, j'ai demandé à Jésus de t'aider à rester toujours son amie.

— Maman, demain, je vais faire une croix, moi aussi, sur le front de bébé Camille?

— Oui, toi aussi tu feras une croix sur son front...

— Et après, maman? on continue?

— Oui. Après t'avoir marquée du signe de la croix,

nous avons écouté la Parole de Dieu puis le prêtre a versé de l'eau sur ton front en disant: "Fabienne, je te baptise, au nom du Père et du Fils et du Saint-Esprit."

— Pourquoi il a versé de l'eau sur ma tête?

— Toi, Fabienne, parfois tu m'aides à avoir soin des plantes. Pourquoi leur donnes-tu de l'eau?

— Pour qu'elles soient pleines de vie... pour que les feuilles restent vertes...

— L'eau, ça fait vivre, n'est-ce pas? L'eau du baptême aussi fait vivre. Quand le prêtre a versé de l'eau sur ton front, c'était pour te dire que Jésus veut que tu vives avec lui et avec Dieu notre Père pour toujours.

— Quand on est baptisé, on ne peut plus mourir?

— Fabienne, même si on est baptisé, on devra mourir. Mais Jésus ne nous laissera pas dans la mort. Nous serons bien vivants autrement avec lui et avec Dieu notre Père.

— Pourquoi, maman, il y a une bougie sur cette photo?

— Cette bougie, elle est à toi. Le prêtre l'a allumée au grand cierge qui nous rappelle que Jésus est avec nous. Puis il nous l'a donnée pour toi en nous disant. "Aidez Fabienne à rester dans la lumière de Jésus."

— Oh maman, j'ai hâte au baptême de Camille! Elle aussi, elle va en avoir une belle bougie?

— Oui, parce que Camille aussi devra apprendre à rester dans la lumière de Jésus...»

Parler à Jésus avec l'enfant

Ce soir-là, les parents de Fabienne allument son cierge de baptême au moment de la prière. Et ils prient avec l'enfant:

Jésus, tu es notre Lumière.
Nous te disons merci pour la vie
de notre baptême.
Nous te disons merci pour le signe d'amour
que tu nous donnes.

Puis, à tour de rôle, papa et maman font sur le front de Fabienne un signe de Croix en disant:

Fabienne, Jésus est avec toi.
Jésus t'aime.

Pourquoi on met une crèche sous le sapin?

Accueillir la question de l'enfant

Ce jour-là, Bruno aide papa à installer le sapin dans le coin du salon. Il s'émerveille devant un si bel arbre orné de lumières et de guirlandes. Déjà, il voudrait bien voir apparaître les cadeaux au pied du conifère... et ses yeux couleur de noisette en disent long sur ses attentes... C'est alors que maman rappelle: «Maintenant, il faudrait bien faire la crèche...

— Ah oui, dit papa, j'ai le bois qu'il faut pour faire l'étable... Et cette année, Bruno est assez grand pour m'aider. Tu veux bien, Bruno?

— Oh oui! viens vite papa...»

Et pendant que le père et le fils s'ingénient à bâtir une étable, l'enfant demande: «Papa, dis-moi, pourquoi on met une crèche sous le sapin?

— Parce qu'à Noël, on pense à Jésus.»

Dialoguer avec l'enfant lors d'un moment privilégié

Et pendant qu'il rabote une planche, papa cause avec son fils: «Oui, Noël, c'est une bien belle fête!

— Ah, pour ça, oui! Une fête de cadeaux... J'ai hâte!

— Oui, Bruno, une fête de cadeaux mais une fête de vie aussi... et de lumière... et d'amour... la fête de Jésus...

— C'est pour ça qu'on place des lumières dans le sapin?

— Oui. Tu vois, un sapin, c'est un arbre qui a l'air toujours vivant. Il garde ses aiguilles tout l'hiver. Quand je regarde le sapin, moi, je pense à la vie.

— Et quand tu regardes les lumières dans le sapin?

— Quand je regarde les lumières?... Je pense à Jésus qui est notre lumière...»

Parler de Jésus avec l'enfant

À ce moment, papa finit de varloper. Il ajuste l'une sur l'autre les pièces de bois.

«Tu vois, fiston, ce sera l'étable...

— Ce n'est pas une maison bien chaude, hein, papa?

— Non. Mais cette étable va nous aider à penser que Jésus était un pauvre...

— C'est pas drôle quand on est pauvre!... Pourquoi on pense à des choses tristes à Noël?

— Noël, c'est une fête de joie, Bruno. C'est la fête de Jésus. À Noël, tous les amis de Jésus pensent à lui. Ils se souviennent que *Dieu notre Père a aimé tout le monde de la terre tellement fort qu'il a envoyé son Fils pour faire connaître son amour.* (D'après *Jn* 3,16)

— Son fils, c'est Jésus?

— Oui. Dieu le Père a choisi une maman pour son Fils. Cette maman, c'est...

— Marie?

— Oui. Et quand le Fils de Dieu le Père et de Marie est venu au monde, c'était une grande joie. Les bergers sont venus le voir. Ils ont apporté des moutons en cadeaux.

— Viens, papa, on va aller faire la crèche, tout de suite avec maman...

— Tu as hâte, n'est-ce pas? Allons-y.»

Toute la famille s'affaire à bien placer l'étable, la paille, la crèche. Et maman dit: «Les pauvres, c'est sur la paille qu'ils dormaient... Jésus était un pauvre...

— Je sais, maman. Mais ce n'est pas triste. Jésus, il est venu dire à tout le monde que Dieu le Père nous aime tous. Jésus, il est venu pour aider les pauvres, tu sais.»

Maman, surprise, écoute son fils.

«C'est vrai, maman. C'est papa qui l'a dit...

— Oui, c'est vrai Bruno. C'est vrai et c'est beau... Tu veux que nous disions merci à Jésus d'être venu nous dire l'amour de Dieu notre Père?»

Parler à Jésus avec l'enfant

Seigneur Jésus,
Tu es venu nous dire l'amour de Dieu notre Père.
Nous te disons merci.

Tu es venu pour tous les gens de la terre.
Tu es venu pour apporter de la joie aux pauvres.
Nous te disons encore merci.

Aide-nous, Seigneur Jésus,
à aimer les pauvres comme toi.

Aide-nous à bien préparer ta fête
parce que Noël, c'est ta fête.

Nous voulons chanter pour toi:
«Mon cher Jésus, c'est à ton tour
de te laisser parler d'amour.»

Et, pendant que Bruno rêve à Noël qui vient, papa et maman s'entendent pour proposer à leur fils, dans les jours prochains, un geste à poser en faveur des pauvres qui sont toujours les amis de Jésus.

Pourquoi on met des fleurs devant la maman de Jésus?

Cette question peut être posée soit devant une statue de Marie à l'église lors d'une fête mariale, soit devant une grotte pendant le mois de Marie.

Occasion d'éveiller l'enfant au culte marial.

Accueillir la question de l'enfant

Un jour du mois de mai où ça sent bon le lilas, Isabeau et sa maman promènent le nouveau petit frère dans son landeau. C'est un moment privilégié pour que la fillette et sa maman causent ensemble. Petit frère dort...

Avant de partir, maman avait coupé quelques lilas en disant: «Nous apporterons ces fleurs devant la statue de la Sainte Vierge...

— Devant qui?

— Devant la statue de la Sainte Vierge. C'est ainsi qu'on nomme Marie, la maman de Jésus.

— Maman, dis-moi, pourquoi on met des fleurs devant la maman de Jésus?

— Tu aimes bien les fleurs, toi, Isabeau?

— Oui, c'est beau. Ça sent bon...

— Moi aussi, j'aime bien les fleurs. Aujourd'hui, c'est toi qui vas les porter devant la statue. Cela voudra dire que toi et moi, nous pensons à Jésus et à sa maman.»

Dialoguer avec l'enfant
lors d'un moment privilégié

Petit frère dort toujours et son sommeil favorise la poursuite du dialogue entre la mère et la fille.

«Maman, c'est drôle d'offrir des fleurs à une Marie de plâtre. Elle ne peut même pas les sentir.

— Voyons, Isabeau, on n'offre pas des fleurs à une statue. On les place devant une statue de Marie pour nous aider à nous souvenir de la maman de Jésus. C'est une façon de dire à Marie qui est avec Jésus que nous l'aimons.

— Toi, tu l'aimes, la maman de Jésus, maman?

— Oui, je l'aime. Quand je pense à elle, je pense aussi à Jésus.»

Parler de Jésus avec l'enfant

Et maman continue: «Isabeau, toi tu aimes bien ta maman?

— Ah, oui, maman, je t'aime gros comme des millions de soleils!

— Moi aussi, je t'aime beaucoup. C'est un peu comme Jésus avec sa maman. Jésus aimait beaucoup Marie et Marie aimait beaucoup Jésus.

— Est-ce que Jésus se promenait avec sa maman comme moi avec toi?

— Oui, Jésus, quand il était petit, devait aller chercher de l'eau au puits avec Marie. Il devait l'aider à faire le ménage... Il obéissait toujours à Marie.

— Même quand c'était difficile?

— Même quand c'était difficile. Puis, quand il est devenu grand, Jésus est parti pour aller parler de l'amour du Père. Marie pensait à Jésus. Elle avait toujours hâte de le voir. Elle gardait dans son cœur le souvenir de Jésus.

— Et quand Jésus est mort, sa maman, est-ce qu'elle a pleuré?

— Bien sûr qu'elle a pleuré. Et Jésus, juste avant de mourir, a fait un geste merveilleux. Il a demandé à son ami Jean de prendre bien soin de Marie. Puis il a dit à Marie:

Maman, maintenant, Jean sera ton fils. C'est lui qui me rem-
placera auprès de toi. (D'après *Jn* 19,26) Et depuis ce jour-
là, tous les amis de Jésus sont devenus comme Jean, et un
peu comme Jésus, les enfants de Marie.

— Alors, Marie, c'est ta maman à toi, c'est la maman
de bébé Didier, de papa, c'est ma maman à moi?

— Oui. Jésus veut que Marie soit notre maman à
tous...»

Parler à Jésus avec l'enfant

Arrivées à la grotte, Isabeau et maman déposent les lilas et
disent:

Jésus, ta maman, c'est notre maman.
C'est toi qui nous la donnes.
Nous te disons merci.

Comme Marie, nous voulons chanter
pour Dieu, notre Père:
«Le Seigneur fit pour moi des merveilles.
Saint est son nom.»

Pourquoi il est mort sur la croix, Jésus?

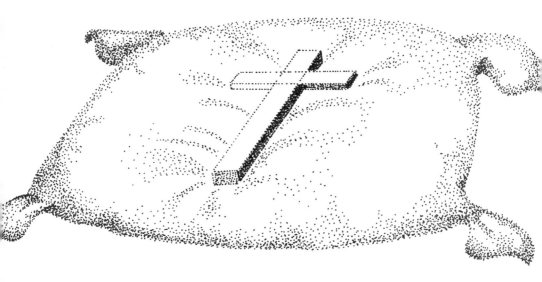

Le crucifix impressionne toujours l'enfant.

Surtout le grand crucifix qu'il peut voir dans la plupart des églises. Et la question vient...

Si l'occasion est bien exploitée, l'enfant ne sera pas traumatisé par la croix.

Accueillir la question de l'enfant

C'est un beau Vendredi saint. À la maison, Xavier s'en rend compte, ce n'est pas tout à fait comme d'habitude... Peut-être à cause du printemps en éveil... mais il y a plus que cela...

«Maman, pourquoi la musique est douce?

— C'est une musique qui m'aide à penser...

— À quoi tu penses, maman?

— Je pense à Jésus. Aujourd'hui, je me rappelle que Jésus est mort sur la croix...

— Maman, dis-moi, pourquoi il est mort sur la croix, Jésus?

— Toi, tu ne voudrais pas que Jésus soit mort sur la croix, n'est-ce pas?

— Non... Je l'aime Jésus, moi!...»

Dialoguer avec l'enfant
lors d'un moment privilégié

Maman poursuit: «Jésus t'aime aussi. Il nous aime tous.

— Quand on est mort, on est capable d'aimer?

— Jésus n'est plus mort, il est redevenu vivant...

— Alors, pourquoi il est sur la croix?...

— Tu vois ce crucifix? Nous l'avons placé dans la maison pour qu'il nous aide à penser à Jésus qui est passé par la mort avant de ressusciter, avant d'être à nouveau en vie. Jésus est mort un jour mais il n'est pas resté dans la mort. Maintenant il est bien vivant. Seulement, aujourd'hui, les amis de Jésus pensent surtout à Jésus qui est mort.

— Mais pourquoi il est mort?

— Xavier, écoute: Jésus avait un grand cœur. Il était bon pour tout le monde.

— Oui, je sais. Il jouait avec les enfants. Puis, il aidait les malades et les pauvres...

— C'est cela. Presque tout le monde aimait Jésus. Mais il y a des gens qui ne l'aimaient pas. Alors, ces gens-là l'ont fait mourir...

— Bien, moi, je l'aurais défendu, Jésus!

— Oui, mais Jésus, lui, il a continué d'aimer quand même ceux qui l'ont fait mourir... Quand je pense à cela, moi, je trouve que c'est beau. Je trouve que Jésus avait un cœur tout plein d'amour.»

Et prenant le crucifix, maman le place sur un beau coussin. Elle demande à Xavier d'allumer une bougie près du crucifix. Puis, elle dit encore: «Tu vois, Xavier, quand je regarde une croix, je pense au grand amour de Jésus. Et quand je fais un signe de croix, je pense à Jésus qui est mort. Tu veux faire comme moi un beau signe de croix?...

— Oh, oui, maman...»

Et maman, à plusieurs reprises, refait avec Xavier le signe de croix...

Parler à Jésus avec l'enfant

Cet après-midi-là, maman et Xavier se rendent à l'église pour regarder la grande croix et penser au grand amour de

Jésus. Xavier est bien étonné de voir qu'on a, ici aussi, installé la croix sur un coussin et qu'on a placé de belles fleurs tout près de cette croix... Avec maman, il s'avance et fait un beau salut comme pour dire:

Jésus, ton cœur est plein d'amour,
nous te disons merci.

Sur le chemin du retour, l'enfant demande à sa mère: «Dis, maman, on peut acheter une fleur pour la placer près de la croix de Jésus?»

Maman lui donne des sous. Et Xavier choisit lui-même une belle tulipe rouge chez le fleuriste. En arrivant à la maison, il dépose sa fleur près de la croix et maman dit:

Seigneur Jésus,
ton amour est grand et fort.
Il est plus fort que la mort...

Xavier ajoute:

Ma fleur, c'est pour te dire merci,
Seigneur Jésus.

Et la mère et le fils font ensemble un beau signe de croix...

Pourquoi on a oublié de l'enlever de la croix, Jésus?

À Pâques, question de l'enfant qui s'attend
à ne plus voir de crucifix à l'église.

L'occasion de parler de Jésus
qui n'est pas resté dans la mort est idéale.

Accueillir la question de l'enfant

Matin de Pâques! Christian-Jacques est tout heureux d'accompagner maman à l'église. Il devine bien que pendant ce temps, papa fait le jeu du lapin qui cache des œufs ici et là. «Mais avant les surprises de chocolat», avait déclaré maman, «il faut faire la fête de Jésus ressuscité... de Jésus vivant pour toujours...» Papa, lui, avait déjà participé à la veillée pascale et, ce matin, il garde Viviane pendant l'absence de maman et de Christian-Jacques.

En arrivant à l'église, l'enfant visiblement surpris questionne: «Maman, dis-moi, pourquoi on a oublié de l'enlever de la croix, Jésus?

— Tu crois qu'on a oublié?

— Bien, maman, tu as dit que Jésus est redevenu vivant...

— Bien sûr, Christian-Jacques. Mais on ne peut pas enlever Jésus de la croix. C'est trop difficile. Au lieu d'enlever cette statue, cette image de Jésus, on a mis beaucoup de fleurs pour faire penser à la vie... pour faire penser que Jésus n'est pas resté dans la mort...»

Dialoguer avec l'enfant
lors d'un moment privilégié

Après la célébration, maman permet à Christian-Jacques d'admirer la décoration de l'église. Et l'enfant remarque: «Il y en a beaucoup, des fleurs. Jamais j'en ai vues autant...

— Oui, il y en a beaucoup. Des lys, des hortensias, des tulipes, des jonquilles!... Toutes ces fleurs, mon grand, elles sont là pour dire à Jésus combien nous sommes dans la joie parce qu'il est bien vivant.

— Tout le monde chantait fort, hein, maman? Il y avait comme des cris de joie...

— C'est vrai, Christian-Jacques, on chantait "Alleluia". Tu sais ce que cela veut dire?

— ...

— C'est un mot que Jésus disait souvent quand il voulait fêter Dieu notre Père. Ce mot veut dire: "Louez Dieu", ou encore: "Chantez pour Dieu"!»

Et maman attire l'attention sur le cierge pascal bien en évidence dans le chœur.

Parler de Jésus avec l'enfant

Maman continue: «Tu vois ce beau cierge allumé?

— Oui. Il est grand. Pourquoi il est là en plein milieu?

— Tu sais, Christian-Jacques, hier soir, quand ton papa est venu à l'église, tout était noir. On n'avait allumé aucune lumière dans l'église. Dans le noir, tous les amis de Jésus pensaient à Jésus qui était mort. Puis, Monsieur le curé a allumé ce beau cierge en chantant: "Voici la lumière de Jésus".

— Oh!

— Alors, tout le monde a reçu un petit cierge. Chacun a allumé le sien au grand cierge qui fait penser à Jésus.

— Il y avait plein de petites lumières dans l'église? Ça devait être beau, maman!

— Oui, c'était beau. C'est toujours beau quand on est dans la lumière de Jésus. Aujourd'hui en regardant ce beau cierge allumé, tu peux penser à Jésus qui est bien vivant. Tu peux accueillir dans ton cœur une belle Parole de Jésus. Jésus nous dit: *Je suis bien vivant parmi vous. Demeurez dans mon amour. Comme moi, vous êtes la lumière du monde.* (D'après *Jn* 15,9; *Mt* 5,14)

— La lumière du monde?

— Oui, Christian-Jacques. Aujourd'hui, quand on fait comme Jésus a fait, quand on aide les autres comme lui, quand on pardonne comme lui, quand on fait la paix comme lui, on est, comme Jésus et avec lui, la lumière du monde.

— Moi, maman, je veux être avec Jésus, comme Jésus! Je veux être une lumière!...

— Jésus t'aime beaucoup. Il te garde dans sa lumière. Viens, nous rentrons pour fêter Pâques avec papa et Viviane.»

Parler à Jésus avec l'enfant

En arrivant à la maison, Christian-Jacques et sa famille, autour de la table dressée par papa, prient ensemble:

Seigneur Jésus,
sur notre table, il y a aujourd'hui
une belle bougie qui nous rappelle
que tu es vivant.

Nous sommes dans la joie.

Aide-nous à vivre dans ta Lumière.
Aide-nous à te ressembler
pour que tous croient que tu es vivant.

Table des matières

NOS ENFANTS
ET LES QUESTIONS DES JOURS HEUREUX

NOS ENFANTS
ET LES QUESTIONS DES JOURS TRISTES

Achevé d'imprimer
en août 1994 sur les presses
des Ateliers Graphiques Marc Veilleux Inc.
Cap-Saint-Ignace, (Québec).